옛이야기
들려주기

옛이야기 들려주기

서정오 글

보리

고침판을 내며

이 책 초판이 나온 뒤로 꽤 많은 세월이 흘렀지만 옛이야기 한 자리가 아쉬운 현실은 거의 달라지지 않았다. 오히려 날이 갈수록 세상은 팍팍해지고 옛이야기의 값어치는 점점 더 커지는 듯하다. 그래서일까? 많은 독자들이 이 책과 글쓴이에게 분에 넘치는 성원과 격려를 보내 주었다. 고맙고도 부끄러운 일이다.

그 성원과 격려에 조금이나마 보답하자는 뜻이었을 게다, 출판사에서 고침판을 내자는 제안을 해 온 것은. 마침 책 내용 가운데 조금 고쳤으면 하던 곳이 몇 군데 있었기에 선뜻 그 제안을 받아들였다.

책을 고쳤다고는 하지만 많은 곳을 손대지는 않았다. 그저 대여섯 군데를 손봤을 뿐인데, 그것도 흐름이 크게 달라질 만큼 손질한 것은 아니고 소소한 곳을 깁고 보탠 정도이다. 세월이 흐르면서 새롭게 알게 된 것, 생각이 조금 바뀐 것이 그 바탕이 되었다.

이 어쭙잖은 책이 오랫동안 목숨을 이어 가는 것은 오로지 독자 여러분의 사랑과 응원 덕분이다. 그 고마움을 어찌 말로 다 하랴. 또 옛이야기를 함께 공부하며 서로 힘을 북돋우고 이끌어 준 동지들에게도 고마움을 전한다. 옷깃을 여미고 더 부지런히 일하는 것만이 이 모든 분들 은혜를 갚는 길임을 다시 깨닫는다.

2011년 1월, 서정오

책을 내며

지금 우리 사회와 학교, 가정이 아이들에게 가르치고 있는 것이 온통 '남을 딛고 올라서기'라고 하면 지나친 말일까? 시험 본 성적 차례로 줄을 세우고, 뒤처진 아이들을 닦달하거나 내모는 우리 교육 환경을 볼 때마다 서글픔과 함께 심한 무력감을 느낀다.

지금 아이들에게는 차가운 머리로 가르치는 '지식'이 아니라 따뜻한 가슴으로 가르치는 '진실'이 필요하다. 우리가 어렸을 때에도 공부가 있고 시험이 있었지만, 그것보다 오래 남아 가슴을 적시는 것은 옛이야기 한 자리이다. 아버지와 함께 보리밭을 매면서, 한마디라도 놓칠세라 바쁜 호미질로 아버지를 따라가며 듣던 구수한 옛이야기를 어찌 잊을 수 있을까. 이야기 속 주인공은 그 뒤로도 줄곧 마음에 남아, 어렵고 고달픈 일에 부딪힐 때마다 소리 없는 응원을 보내 주었다.

옛이야기는 들려주는 것만으로 이미 훌륭한 교육이다. 들려주고 들으면서 마음이 가까워지고, 이야기 속에 담긴 생각을 곱씹어 보면서 삶 속의 진실과 슬기를 더듬을 수 있다. 넓고 깊은 꿈을 마음껏 펼칠 수도 있다. 옛이야기를 좋아하고, 좋은 이야기를 들으면서 자란 아이가 나쁜 짓을 할 수는 없는 법이다.

옛 무덤에서 나온 그릇이나 기왓장의 소중함을 인정하는 사람이라면, 마땅히 오랜 세월 동안 백성들 속에서 꽃피어 전해 온 옛이야기의 값어치도 인정할 것으로 믿는다. 그릇이나 기왓장같이 모양을 갖춘 문화재는 땅속에 묻혀 있는 한 그냥 두어도 사라지지 않는다. 그러나 옛이야기와 같이 모양이 없는 유산은 누군가 거두어 주지 않으면 사라져 버린다. 가정이 더 이상 옛이야기를 이어 주고 이어 받는 구실을 다하지 못하게 된 오늘날, 남아 있는 이야기나마 거두어 보존하는 일은 매우 바쁘게 되었다. 그러기에 옛이야기를 비롯한 구비문학을 온전한 모습으로 모으고 정리해 둔 분들의 노력은 매우 값진 것이다. 사실 이 책도 그분들 업적이 없었다면 쓰지 못했을 것이다.

그런데 옛이야기를 그저 보존하는 것만으로 모든 일을 다 했다고 보기는 어렵다. 옛이야기란 입에서 입으로 전해지는 과정에서 끊임없이 살아 움직이는 생명의 힘을 가지고 있기 때문에, 박물관의 유리장이나 녹음테이프 안에서 잠자고 있을 성질의 것이 아니다. 사람들 입을 통해서 끊임없이 흐르고 움직일 때에야 제구실을 다하는 것이다.

이야기를 모으고 정리하는 사람이 있으면, 그것을 입으로 되살려 전해 주는 사람도 있어야 한다. 앞의 것이 말문학(구비문학)을 전문으로 연구하는 사람들 몫이라면, 뒤의 것은 교사와 학부모, 그리고 이야기를 즐기는 이 땅의 모든 백성들이 해야 할 일이다.

이 책은 여섯 개의 큰 덩어리로 나누어져 있다. 1장은 옛이야기를 되살려야 하는 까닭을 나름대로 생각해서 쓴 것이다. 2장은 옛이야기의 세계를 이해하는 데 도움을 줄 목적으로 썼다. 이 장에서 읽는 이는 글쓴이가 지닌 앎의 한계를 느낄지도 모른다. 3장에서는 옛이야기를 어떻게 되살려야 하는가 살펴보았다. 4장은 옛이야기를 들려주는 방법을 쓴 것이다. 이야기 고르기에서부터 이야기를 재미있게 들려주는 방법을 평소 생각과 경험에 비추어 나름대로 간추려 적었다. 5장에서는 이야기로 무엇을 가르칠 것인가 생각해 보았다. 마지막으로, 가려 뽑은 옛이야기를 몇 자리 실었다. 이야기 끝에는 설명을 붙여서 이야기가 가진 맛을 함께 느껴 보도록 했다.

이야기 자료 끝에는 반드시 그것을 얻은 곳과 글로 적은 꼴을 밝혀 두었다. 예를 들어 '〈한국구비문학대계〉 받아 쓰기 → 다시 쓰기'라고 밝힌 것은 '〈한국구비문학대계〉에서 자료를 얻고, 본디 받아 써 놓은 것을 글쓴이가 약간 손질해서 다시 썼다'는 뜻이다. 글로 적은 이야기의 꼴에 대해서는 2장에서 자세하게 설명해 놓았다. 그리고 글은 될 수 있는 대로 깨끗한 우리 말을 살려 쓰려고 애썼으나, 워낙 엉터리 글쓰기 버릇에 길들여진 탓에 잘못된 곳이 많을 줄 안다.

만에 하나 남보다 뛰어난 '동화 구연' 기술을 얻으려고 하는 사람에게는 이 책이 전혀 도움이 되지 못할 것이다. 당장 능숙한 이야기꾼이 되고자 하는 사람도 다 읽고 나면 실망할지 모른다. 이야기는 입 가진 사람이면 누구나 할 수 있고, 귀 가진 사람이면 누구나 들을 수 있어야 한다는 것이 글쓴이의 소박한 믿음이다. 이야기는 기술로 하는 것이 아니라 감동과 흥겨움으로 하는 것이며, 말재주 있는 몇 사람 것이 아니라 땀 흘리며 일하는 보통 사람들 것이라는 믿음 또한 흔들리지 않는다. 또한 잘난 아이건 못난 아이건, 공부 잘

하는 아이건 못하는 아이건, 이야기를 들으면서 마음을 키워 갈 권리는 누구든지 갖고 있다는 믿음도 바뀔 수 없다.

이러한 믿음이 깊고 뚜렷한데도, 글을 생각만큼 잘 쓰지 못한 것은 오로지 글쓴이의 재주가 모자란 탓이다. 이 책이 이런 모양으로나마 세상에 나오게 된 데에는 윤구병 선생님 도움이 컸다. 글쓴이가 어쭙잖은 짓이라 여겨 망설이던 부분을 윤 선생님 격려가 메워 준 셈이다. 또한 여러 가지 자료를 보태 주신 윤태규 선생님과 이호철 선생님, 그리고 보리 출판사 여러분의 열성 어린 도움 또한 잊지 못한다.

이야기를 좋아하고 이야기와 함께 올바른 교육을 일구어 나가려는 모든 분들 앞에 옷깃을 여미며, 부디 이 책의 잘못된 곳을 꾸짖고 글쓴이가 모르는 점을 일깨워 주시기를 간절히 바란다.

1995년 2월, 서정오

차례

4장 옛이야기 재미있게 들려주기

5장 이야기로 가르치기

◉ 옛이야기 열두 마당

1장

되살려야 할 이야기 문화

세상이 메마르고 사람들이 인정머리 없다고 느껴지거든, 여럿이 모인 자리마다 옛이야기 한 자리씩 풀어 놓아 보자. 요즈음 아이들이 옛날 같지 않고 정서가 너무 메말랐다고 생각되거든 틈나는 대로 옛이야기 한 자리씩 들려주자. 이야기꽃 피우며 사는 세상이 각박해질 수는 없는 법이다.

사라져 버린 이야기 문화

자, 우리 모두 잠깐 옛날로 돌아가 보자. 눈이 소록소록 내리는 겨울날 어느 산골 마을, 야트막한 산 아래 엎드린 조그마한 초가집 안에 멋진 구경거리가 있다.

저녁을 먹고 온 식구가 한방에 모여 있다. 방금 아궁이에 군불을 넉넉하게 지펴 놓아서 방 안은 훈훈하다. 윗목에서는 아버지가 새끼를 꼬고 있고, 어머니는 헌 옷을 뜯어 베갯잇을 만들고 있다.

사랑방에서 건너온 할아버지가 아랫목에 자리를 잡고 앉으면, 손자 손녀들이 옹기종기 무릎을 비벼 가며 그 옆에 둘러앉는다. 할아버지가 헛기침 두어 번으로 목청을 가다듬으면, 아이들 눈빛이 반짝 빛난다.

"옛날 옛적에……."

드디어 할아버지가 구수한 옛이야기를 한 자리 한다. 아이들은 귀를 쫑긋 세우고 다투어 할아버지 무릎 가까이로 모여든다. 이야기가 고비에 이르면 아이들은 침을 꼴깍 삼키고, 새끼 꼬던 아버지도 잠깐 일손을 멈춘다.

이야기가 한 고비를 넘어서면 아이들은 '휴우' 한숨을 쉬고, 두 고비째로 올라가는 이야기가 새록새록 감칠맛을 더해 가면 아이들은 또다시 숨을 죽인다. 때때로 한바탕 웃음소리도 어우러지고, 할아버지가 깜빡 잊고 한 대목 건너뛴 것을 어머니가 끼어들어 일깨워 주기도 한다. 질화로 속에 넣어 둔 햇밤도 이야기와 함께 무르익어 가고, 장지문 밖 감나무도 다음 이야기가 궁금한지 눈 쌓인 가지를 자꾸만 기울인다…….

한 폭의 먹그림 같은 이 모습을, 옛날에는 어느 마을 어느 집에서나 쉽게 볼 수 있었다. 지금 어른 대접을 받고 있는 사람이라면, 더구나 시골에서 자라난 사람이라면, 눈을 지그시 감고 이 정겨운 모습을 떠올리면서 입가에 흐뭇한 웃음을 지을 것이다. 그리고 그때 들었던 옛이야기 한두 자리와, 그 이야기를 들려주던 할아버지(할머니, 또는 아버지 어머니)의 목소리와 표정을 다시 기억해 내는 일도 그리 어렵지 않을 것이다. 이렇듯 옛이야기는 우리 마음의 고향이다.

옛날 사람들은 이야기를 삶의 일부로 여겼다. 낮에 땀 흘려 일하는 사람들일수록 저녁이 되면 한자리에 모여 앉았고, 그러면 누가 먼저랄 것도 없이 옛이야기 한 자리쯤 풀어 놓게 마련이었다. 억지로 시간을 따로 내어 들려준 것도 아니었고, 며칠 벼르고 별러 듣는 것도 아니었다. 그냥 일하면서 들려주고 잠깐 쉬면서 들었다. 또한 옛이야기는 어느 잘난 사람이 혼자서 만든 것도 아니었고, 임자가 따로 있는 것도 아니었다. 모두가 삶 속에서 함께 만들고 함께 즐긴 것이다.

옛날 아이들은 이야기를 들으면서 자랐다. 이야기를 들으며 웃고 우는 사이에 마음을 넓히고 슬기를 배우고 힘과 용기를 얻었다. '저승 불경' 이야기를 들으며 이웃을 사랑하는 법을 배우고, '쌀 나오는 구멍' 이야기를 들으며 욕심이 지나치면 안 된다는 것을 깨닫고, '아기장수' 이야기를 들으며 세상을 똑바로 보는 눈을 밝혔다. 이야기 속 세상에 들어가 마음껏 상상하는 즐거움을 맛보기도 하고, 주인공과 함께 넓은 세상을 구경하는 기쁨을 누리기도 하였다.

그 아이들이 자라서 어른이 되면 자기 아들딸과 손자 손녀를 무릎에 앉혀 놓고 똑같은 이야기를 들려주었다. 때로는 자기 삶 속에서 얻은 이야깃거리를 보태어 들려주기도 했다. 그 이야기는 훗날 어른이 된 아들딸의 입을 통해서 그다음 세대 아이들에게 전해졌다. 이렇게 해서 우리네 백성들은 삶과 생각의 틀을 다듬어 하나로 묶어 왔다. 이야기는 어제와 내일을 잇고, 여럿을 하나로 묶는 끈이었던 셈이다. 옛이야기가 값지고도 소중한 까닭이 이러하다.

그런데 이 소중한 옛이야기가 오늘날에는 점점 사라지고 있다. 요즈음에는 농촌이고 도시고 할 것 없이, 어른들이 아이들을 앉혀 놓고 이야기를 들려주는 모습을 보기 어렵다. 세상이 그만큼 달라진 까닭이다. 어른들은 너나없이 돈벌이에 바빠서 한가하게 옛이야기나 들려주고 있을 틈이 없고, 아이들은 아이들대로 숙제하고 학원 가기 바빠서 이야기를 듣고 있을 여유가 없다. 게다가 텔레비전을 비롯한 그림매체가 빠른 속도로 옛이야기가 설 자리를 앗아가 버렸다.

아이들이 텔레비전과 컴퓨터 앞에 앉아 있는 시간이 점점 많아진다. 이야기에서 넉넉한 마음의 영양을 얻지 못하고, 텔레비전과 컴퓨터에서 보는 메마른 말과 행동을 그대로 흉내 내게 된다.

요즈음 아이들에게 이야기를 시켜 보면, 십중팔구 이른바 '유행어'를 곁들인 우스갯소리나 얄궂은 말장난을 늘어놓기 일쑤다. 이것이 텔레비전을 비롯한 그림매체의 영향이라는 것은 두말할 나위도 없다. 이야기를 이야기답게 하지 못하는 이런 현상을 '이야기 문화 실조'라고 이름 지어 보자. 아이들이 먹을 것을 제대로 먹지 못하면 영양 실조에 걸리듯이, 문화를 받아들이는 균형이 깨어지면 '문화 실조'에 걸린다. 문화 실조는 영양 실조만큼이나 심각하게 보아야 할 문제이다.

아이들이 이야기 문화 실조에 걸린 것은 물론 어른들 책임이다. 도대체 이야기를 제대로 들어 보지 못하고서야 어찌 이야기를 제대로 할 수 있겠는가. 누구든지 자기가 듣고 아는 것만큼만 이야기할 수 있는 것이다. 우리 아이들이 어려서부터 좋은 이야기를 많이 들으면서 자라났다면 지금보다 훨씬 더 이야기를 잘할 수 있었을 것이다.

메마른 세태와 비뚤어진 문화 환경이 빚어낸 해독을 풀어 주고, 아이들을 좀 더 사람답게 키우기 위해서는 이야기 문화를 되살리는 일이 바쁘게 되었다. 더 늦기 전에 이야기 문화를 되살려 놓아야 한다. 옛날처럼 집에서 옛이야기를 들려주기 힘들게 되었다면, 학교에서라도 자주 들려주어야 한다. 이것은 잘못된 제도 때문에 제구실을 못 하고 있는 학교가 본디 자리를 되찾는 한 가지 방법이 될 수도 있다.

열린 세상을 만드는 이야기판

누구든지 요즈음에는 세상이 너무 각박하고, 사람들이 인정머리 없다고 들 한다. 그래서 살맛이 안 난다고도 한다. 사실이 그렇다. 인정머리 없는 것은 어른들뿐만이 아니다. 아이들도 옛날 같지 않다. 다만 아이들은 어른이 만들어 놓은 환경 속에서 살고 있다는 점이 다르다. 아이들은 어른들처럼 자기네 스스로 인정머리 없는 사회를 만들지는 않았다.

이른바 '문명의 이기'라고 하는 것은, 어느 것이나 사람과 사람 사이를 멀어지게 하는 속성이 있다. 텔레비전, 녹화기, 컴퓨터와 같은 기계 앞에서는 여럿이 둘러앉아 오순도순 즐길 수가 없다. 혼자서 한쪽 방향만 바라보고 일하거나 즐겨야 한다. '닫힌 문화'요, '일방 문화'이다.

저녁을 먹고 텔레비전을 보려면 온 식구가 '마주 보고' 둘러앉아서는 안 된다. 한쪽 방향으로 '나란히' 앉아야 한다. 그래서 식구끼리 서로 얼굴을 볼 수도 없고, 이야기를 나눌 수도 없다. 또 텔레비전은 가만히 앉아서 주는 대로 받아야지, 뭘 묻고 대답하고 할 수 있는 게 아니다. 컴퓨터로 하는 전자오락도 여럿이 '오순도순' 함께 할 수 있는 것이 아니다. 혼자서 줄기차게 '침묵을 지키며' 해야 한다. 누가 말을 걸면 짜증이라도 한바탕 내야 간섭 안 받고 할 수 있는 것이 전자오락이다.

이야기는 이와 다르다. 한쪽 방향을 보고 나란히 앉아서는 이야기를 할 수 없다. 이야기는 서로 얼굴을 마주 보고 온몸으로 서로를 느끼며 나누어야 제맛이 난다. 또 혼자서는 할 수 없다. 차라리 노래는 혼자서도 흥을 내어 부를 수 있지만, 이야기는 절대로 혼자서는 못 한다. 둘이서 이야기하다가 한 사람이 더 오면 자연스럽게 자리를 내주고 끼어 앉아 거들며 함께 즐기는 것이 제격이다. '열린 문화'요, '대면 문화'이다. 여럿이 둘러앉아 오순도순 하는 일은 사람과 사람 사이를 가깝게 한다. 둘러앉아 하는 일 중에서 권할 수 없는 것은 화투놀이뿐이다.

또한 이야기는 서로 주고받는 것이지, 어느 한쪽이 우겨 대는 것이 아니다. 이 점이 연설이나 설교, 웅변과 다른 점이다. 우리 옛이야기는 들려주는 사람과 듣는 사람 사이에 거리가 없다. 이야기 사이사이에 추임새처럼 듣는 이의 말이 끼어들어야 이야기하는 사람도 신명이 난다.

(앞 줄임) "이거로 씨고 (청중 : 능텅감투로 썼다.) 온 저녁에 아무 데 아무 집이 가면, 오늘 저녁에 소대상[1] 지내는데, 기전[2]을 짜드리[3] 들왔는데, 거 뒤에 어느 창고 가면 떡이니 머니 잔뜩 있을끼이까네, 그런 걸 좀 가 오라고 (청중 : 능텅감투라 카디?) 묵자" 크그덩.[4]

(청중 : 도깨비가?) 도깨비가.

여 갖다 저거 할배 위상하듯이[5] 딱 갖다 위상해 놨다가, 또 궁금하게 묵고 싶을 때, (소리를 낮추어서) '오닐 저닉이 누 집에 기제사가 드는데 거 가가 떡을 도디캐[6] 와야 되겠다' 싶우그덩. (소리를 본디대로 높여) 그래가 떡 가가주고 도장아 가이께 떡이니 마 콩나물 뽑아가 퍼 놓고, 나물도 인자 도래,[7] 고사리에다가 콩나물에다가 갖추갖추 뽁아 퍼 놨그덩.

(줄임) 영감이 머로, 남자가 머로[8] 가주 조래는고 싶어, 하루는 가마이 살패보이, 보드라븐 종우[9] 같은 기 하나 있그덩. 고마 불에 홀딱 사롸뿌랬어.[10] 여자가. (청중 : 저 망령시리) 홀딱 사롸뿌래노이, 그날 그 집에 기제사 지내는데 도디캐 묵으로 갈라카이, 홀딱 사롸뿌래노이 고 재로 온몸에다 요놈우 자식이 딱 발랐다. 물에 가가 목욕을 퐁당 하고 안 딱골랑, 고 몸에다 재로 싹 발라가, 콩나물 한 절가치[11] 집어 무이 손가락이 하야

1) 제사 2) 제사 음식 3) 왕창 4) 그러거든 5) 모시듯이 6) 도둑질해 7) 도라지 8) 뭘, 무엇을 9) 종이 10) 태워 버렸어 11) 젓가락

이 비그덩.[12] 물에 당구케 가주고 씻기뿌래가주,[13] "아이고! 요기 머고?" 크미,[14] 사람이 보디마는 마 손가락 있는 데 여 답삭(자기 손가락을 잡으며) 뺏들었는 게라. 그래가 이눔우 딱으이까 사람이 나와. 그래 뺏들리 그런 죽을 용검을 당했단다. 시컨 뚜드래 맞고. (청중 : 기집아가 망령시러버 가주고.)

능텅감투, 《구비문학의 세계》 받아 쓰기 → 옮겨 쓰기

(앞 줄임) 어머니가 그냥 인물이 훤하고, 몸이 나서 부담스러지고[15] 보신을 잘했드랴, 보신을. 시어머이를 어떻게 보신을 잘해 놓았드랴.

"아이구, 이제 오냐?"

고 만침시로,[16]

"어떻게 가가[17] 맛있는 고기를 가끔가끔 삶아 낸지, 이렇게 하루에 두 번씩 해 줘서 잘 먹고, 너 보일라고 국을 여기다 넣어 놓았다. 너 이것을 봐라."

그래 내준께, 꼬부라갖고[18] 죄 지렁이가 말라 죽었거든.

"아이구 어머니, 이거 지렁이요!"

그런개,

"엇!"

(화자가 너무 크게 구술하여 좌중이 일시 놀라다가 폭소가 터진다. 좌중의 말 : 아이구 깜짝이야, 간 떨어질 뻔했네. / 간이 벌렁벌렁하네. / 징그랍게도 놀랬네.)

12) 하얗게 보이거든 13) 씻어 버려 가지고 14) 그러면서 15) 몸에 살이 찌고 16) 만지면서 17) 그 애가, 며느리가 18) 굽어 가지고

그만 눈이 번쩍! 떠졌어. 심봉사맹키로. 그래 나중에 하나님이 천상으로 실어 올라가 버렸어. 부모한테 소자했다고 둥게며느리(광주리)에 실어서 올라가 버렸어. 부모 공경 잘했다고.

장님 어머니와 지렁이국, 《전북민담》 받아 쓰기 → 옮겨 쓰기

이처럼 이야기꾼과 듣는 이가 거리감 없이 말을 주고받으며 펼쳐 나가는 것이 우리 옛이야기다. 그러므로 이야기는 사람과 사람 사이에 정이 새록새록 나게 만든다. 낯모르는 사람도 이야기 한 자리 나누고 나면 친해지고, 멀어졌던 사람도 이야기를 주고받는 사이에 다시 가까워진다.

세상이 메마르고 사람들이 인정머리 없다고 느껴지거든, 여럿이 모인 자리마다 옛이야기 한 자리씩 풀어 놓아 보자. 요즈음 아이들이 옛날 같지 않고 정서가 너무 메말랐다고 생각되거든 틈나는 대로 옛이야기 한 자리씩 들려주자. 이야기꽃 피우며 사는 세상이 각박해질 수는 없는 법이다.

자연스러운 이야기, 억지로 꾸민 이야기

학교 교육이 빗나가고 있는 것은 어제오늘 일이 아니다. 그 가운데에서도 가장 걱정스러운 것이 따돌림받는 아이들 문제이다. 몇몇 아이들은 학교에서 인정받고 칭찬받지만, 많은 아이들은 주눅이 들고 기를 펴지 못한다. 아이들을 주눅 들게 만드는 데 가장 큰 몫을 하는 것이 시험 성적이지만, '보통 아이들'을 기죽이는 원인은 그 밖에도 많이 있다.

아이들이 읽기 싫어하는 책 가운데에서 손꼽히는 것이 위인전이다. 보통 아이들이 왜 위인전을 지겨워하는지 아는가? 위인전에 나오는 '위인'이라

고 하는 사람들은 부모가 기창한 태몽을 꾼 뒤 태어나고 또한 어려서부터 뭔가 남다르다. 등에 북두칠성이 새겨진 것은 보통이고, 세 살 때 어려운 한문을 줄줄 외는가 하면, 하다못해 병정놀이를 해도 골목대장 노릇을 한다. 이것이야말로 재주 없고 힘없는 보통 아이들을 기죽이는 이야기가 아니고 무엇인가?

사람은 말을 하고 산다. 그렇기 때문에 누구든지 하고 싶은 말을 못 하게 되면 답답해서 병이 나든지 미쳐 버리고 만다. '임금님 귀는 당나귀 귀' 이야기는, 하고 싶은 말을 억지로 못 하게 하면 사람이 얼마나 불행해지는가를 딱 부러지게 보여 준다. 말을 못 하는 사람만 불행할 뿐 아니라 말을 못 하게 한 사람도 끝내는 망하게 되는 것이다.

이야기도 마찬가지다. 누구든지 이야기를 하며 산다. 이야기하는 사람 따로 있고 듣는 사람 따로 있는 게 아니다. 이야기하는 데에 무슨 면허증이 필요하겠는가.

그런데 지금 학교 실정을 보면 그게 아니다. 이야기는 '특수한 교육을 받은' 몇몇 아이들만이 할 수 있는 전매특허품처럼 되어 있다. 어느 교실 안에서 주고받는 이야기를 잠깐 들어 보자.

선생님 : 자, 누가 나와서 재미있는 동화 하나 해 보아라.

아이들 : (눈길이 한 아이에게로 쏠리며) 야, 박소영, 네가 나가.

선생님 : 소영이는 전에 한번 했으니까 이번에는 다른 사람이 해 보지.

아이들 : 에이, 우리는 못해요. (고개를 절레절레 흔든다.)

선생님 : 왜 소영이보고만 하라는 거지?

아이들 : 쟤는요, 동화 선수걸랑요. 학원에서 동화 배웠대요.

그러니까 동화는 아무나 할 수 있는 게 아니라, 학원에서 특별히 배운 아이들만 할 수 있나 보다. 그리고 학교마다 '○○ 동화 대회'라는 게 있어서, 그런 특별한 아이들끼리 누가누가 잘하나를 겨루고, 거기에서 뽑힌 아이는 학교 대표로 다른 대회에도 나가는 '선수'가 되는 것이다. 운동 선수만 있는 게 아니라 글짓기(글쓰기) 선수, 그림 선수에다 동화 선수까지 나오는 판이다.

(여기서 한 가지 짚고 넘어갈 것이 있다. '동화'라고 하는 이름에 대해서인데, 이것이 예부터 쓰던 우리 말이 아님은 누구나 다 알 것이다. 이런 것까지 일본말을 따라 써야 할 까닭이 없다면, 마땅히 '이야기'라는 우리 말로 고쳐 써야 한다. 전래동화는 옛이야기로 고치고, 창작동화는 지은 이야기로, 구연동화는 듣는 이야기라고 하면 훨씬 쉽다.)

어쩌다가 이렇게 되었는지, 많은 아이들이 이야기 문화 실조에 걸려 있는 동안 몇몇 아이들은 동화 선수가 되기 위하여 학원에 다니고 있다. 그런데 사실은 동화 선수를 길러 내는 방법이 더 문제다. 어른이 쓴 글을 달달 외게 한 다음 틀에 박힌 손짓과 몸짓을 되풀이해 가르치는데, 이것은 숫제 꼭두각시 놀음이다. 불쌍한 동화 선수들은 구구단 외듯이 원고를 외고, 대목마다 '정해진' 손짓 발짓을 태권도 연습하듯이 되풀이해 익혀야 한다.

웅변 대회에 나가는 웅변 선수들은 원고 외는 일이 가장 큰 고역이다. 그 다음 고역은 젖 먹은 힘까지 다 내어 소리 지르는 일이다. 그리고 정해진 대목에서 잊지 않고 책상이나 자기 가슴을 탕탕 치는 일이다. 동화 선수들이 겪는 고역도 비슷하다. 웅변 선수가 화나는 일이 없어도 고래고래 악을 써야 한다면, 동화 선수들은 즐겁지 않아도 생글생글 웃어야 한다는 점이 다르다면 다르다.

이제 이런 교육은 그만두어야 한다. 누구나 말을 하고 글을 쓰듯이, 누구나 자유롭게 이야기를 할 수 있게 하는 교육이 되어야 한다. 동화 선수가 못 되어 벙어리 노릇 하는 것도 서럽지만, 동화 선수로 뽑혀 꼭두각시 노릇 하는 것은 더더욱 괴로운 일이다. 아이들 말문을 닫아 이야기를 못 하게 하는 것은 말하는 권리를 빼앗는 일이고, 아이들에게 틀에 박힌 말과 행동을 강요하는 것은 창조의 힘을 죽이는 일이다. 말을 못 하면 한이 맺히고, 앵무새처럼 똑같은 말만 되풀이하면 숨이 막힌다. 한을 풀어 주는 것이 교육의 민주화요, 숨을 틔워 주는 것이 교육의 인간화이다.

이야기 문화는 사람과 사람이 서로 대등한 자리에서 마음을 열고 느낌을 주고받을 때 활짝 피어난다. 한 사람이 일방으로 이야기하고 상대방더러 듣기만 강요해서도 안 되고, 상대방 혼자서 이야기를 하게 시켜서도 안 된다. 국화빵 찍어 내듯이 틀에 맞추어 원고를 외는 이야기는, 하는 사람이나 듣는 사람에게 다 같이 짐이 된다. 이야기는 즐겁게 하고 재미있게 들어야 한다. 옛사람들처럼 삶 속에서 자연스럽게 들려주고 들어야 한다.

이것이 옛이야기를 되살려야 할 또 다른 까닭이다. 옛날 어른들은 아이들에게 옛이야기를 들려주었지, 아이더러 이야기를 달달 외게 하지는 않았다. 아이들은 재미있는 이야기를 들으면 그 줄거리를 알아 두었다가 딴 데 가서 하든지, 나중에 어른이 되어 아이들에게 들려주었다. 이야기를 많이 들은 아이가 이야기를 잘하는 것은 두말할 나위도 없다.

그러기에 아이들더러 이야기를 해 보라고 시키기 전에 어른이 먼저 들려주는 것이 옳다. 이야기를 재미있게 듣다가 보면 저절로 딴 데 가서 그 이야기를 해 보고 싶은 마음이 생기는 법이다. 이야기를 재미있게 하는 방법도 스스로 찾아내고 배우게 된다. 아이들은 이야기를 들으면서 살아가는

데 필요한 슬기를 배우고, 그 이야기를 저마다 자기 방식대로 전하는 가운데 창조의 힘을 기를 수 있다. 이야기를 잘하는 법을 가르치기보다 좋은 이야기를 많이 들려주는 것이 옳은 교육이다.

이야기 속에 살아 숨 쉬는 토박이말

어떤 초등학교 선생님이 이런 걱정을 했다.

"아이들에게 이야기를 들려주어도 아이들이 좋아하지 않아요. 지겹다는 듯이 떠들기만 해요."

듣고 있던 다른 선생님이 물었다.

"이야기를 어떻게 들려주셨나요?"

"책에 있는 동화를 읽어 주었어요."

"그것 봐요. 그렇게 하니까 지겨울 수밖에요. 이야기라고 하는 것은 마주 보고 말로 해야지요."

그렇다. 이야기는 말로 하는 것이다. 책을 읽어 주는 것도 말로 하는 것이 아니냐고 할지 모르지만, 절대로 그렇지 않다. 왜 그런고 하니, 책에 씌어 있는 글은 입으로 하는 말과 다르기 때문이다. 보기를 하나 들어 보자.

고양이가 이 세상에 생겨났을 때, 그의 몸은 눈부신 은빛 털로 덮여 있었습니다. 그래서 그를 보는 짐승들마다 부러워했답니다.

옛날 어느 한 할아버지네 집에 살고 있는 고양이도 은빛 털옷을 입고 있으면서 칭찬받기를 좋아하였습니다. 그래서 늘 어떻게 하면 칭찬을 많이 받을 수 있을까 하는 생각뿐이었습니다.

어느 날, 할아버지는 집짐승들을 모아 놓고 이렇게 말했습니다.

"자, 너희들은 오늘부터 일을 해야겠다. 무슨 일이든지 마음에 드는 일감을 한 가지씩 골라잡아라."

순간 은빛 고양이는 눈알을 팽그르 굴렸습니다.

'무슨 일을 해야 남들보다 칭찬을 더 많이 받을 수 있을까? 옳지, 집 안에서야 쌀 창고를 제일 귀중히 여기니까 그걸 지켜야 더 많은 칭찬을 받을 수 있어.'

은빛 고양이는 냉큼 쌀 창고를 지키는 일을 맡아 나섰습니다. (다음 줄임)

알록이가 된 고양이, 《욕심쟁이 까마귀》 신구미디어 펴냄, 새로 쓰기 → 옮겨 쓰기

이것은 옛이야기를 새로 쓴 것인데, 이것뿐 아니라 글로 쓴 이야기는 대부분 이런 꼴로 되어 있다는 것은 누구든지 알 것이다. 여기에 쓰인 말은 우리가 예사로 주고받는 말과 다른 점이 많다.

말로 이야기할 때는 아무도 "그의 몸은 눈부신 은빛 털로 덮여 있었다"고 하지 않는다. '그를 보는 짐승'이라든지 '순간'이라는 말도 잘 쓰지 않는다. "은빛 털옷을 입었다"는 말을 들으면 겨울에 입는 털옷이 생각날 테고, "눈알을 팽그르 굴렸다"고 하면 어지러워서 그런 줄 알게 마련이다. 그러니까 이것은 보통 하는 말과 달리 글로 쓸 때만 하는 말이다.

입으로 하는 말을 '입말'이라고 하고, 글로 쓰는 말을 '글말'이라고 한다면, 이런 말은 글말이지 입말은 아니다. 이 이야기를 입말로 고쳐 보면 이렇게 되겠지.

고양이란 놈이 원래는 털 색깔이 은색이었대. 그런데 요새 고양이는 알록이잖아? 잔등은 새까맣고 배는 하얗지. 그게 언제부터 그렇게 되었느냐고? 내 이야기를 잘 들어 봐.

옛날 어느 마을에 할아버지가 살았거든. 그 할아버지네 집에는 짐승이 많아. 개도 있고, 고양이도 있고 말이지. 그런데 고양이란 놈은 그저 할아버지한테 칭찬 듣는 게 좋단 말이야. 어떻게 하면 칭찬 좀 많이 받나, 늘 그 궁리만 해.

하루는 할아버지가 집에 있는 짐승을 주욱 모아 놓고서는,

"이놈들아, 너희들도 이제부터는 밥만 축내지 말고 일 좀 해라. 무슨 일이든지 마음에 드는 일감을 한 가지씩 골라잡아 봐."

이러거든. 고양이란 놈이 그 말을 듣고는,

'옳지, 이제야 칭찬 들을 일이 생겼구나. 그런데 무슨 일을 해야 남들보다 칭찬을 더 많이 받지? 그래, 집 안에서야 쌀 창고가 제일 귀하니 그걸 지키겠다고 해야지.'

하고 냉큼 쌀 창고 지키는 일을 맡았어. (다음 줄임)

이제 문제와 해답이 분명해졌다. 아이들은 이야기를 싫어하는가? 그렇지 않다. 이 세상에 이야기 듣기를 싫어하는 아이는 없다. 그러나 글 읽기를 싫어하는 아이는 있다. 글로 쓴 말이 입으로 하는 말과 다를 때 더 그렇다.

글 읽기를 싫어하는 아이라면, 책에 쓰인 대로 읽어 주는 이야기도 싫어하겠지. 여기서 성급하게 '글 읽기 싫어하는 아이에게는 글 읽는 버릇을 붙여 줘야지, 무슨 말이냐?'고 나무라기 전에, 잠깐 말과 글에 대해서 생각해

보자.

본디 사람들이 쓰는 말은 한 가지였다. 이 세상 사람들이 '남을 다스리는 사람'과 '남에게 다스림을 받는 사람'으로 갈라지기 전까지는 그랬다. 그러다 남을 다스리는 사람이 점점 많아져서 자기네들끼리 무리를 지으면서부터 말이 두 갈래로 갈라지게 되었다.

남을 다스리는 사람들은 자기네들이 쓰는 말이 일반 백성들이 쓰는 말(민중 언어)과 똑같아서는 권위가 살아나지 않는다고 여겼다. 그래서 새로운 말(지배 언어)을 만들어 내게 되었는데, 말을 새로 만드는 일이 어디 쉬운 일인가. 기껏 남의 나라 말을 빌어다 쓰는 것이 고작이었는데, 이것이 점점 퍼져서 틀을 갖춘 말로 굳어진 것이다. 예를 들어, 우리 나라에서는 일찍이 여자(아내)를 '겨집(계집)'이라 불렀다. 이것이 일반 백성들이 쓰는 말이라고 해서, 귀족들이 중국말 '부인'을 빌어다 썼다. 이런 말을 중국말이 아니라고 주장하는 사람들이 있는데, 실제로 중국 사람들은 '뿌어런'이라고 말한다. 말이 글자와 함께 들어와서 조금 달라진 것뿐이다.

백성들이 제 아내를 '계집'이라고 부르는 동안 귀족들은 자기 아내를 '부인'이라 불렀고, 끝내 백성들이 쓰는 말을 속되고 상스러운 말로 만들어 버렸다. 사실 속되다는 것은 민간 풍속답다는 뜻이고, 상스럽다는 말은 상민, 곧 백성답다는 뜻이다. 이런 말도 귀족들이 백성들을 얕잡아 보고 쓰면서 말뜻이 달라진 것이다.

지금도 백성들이 '높실 사는 사람들'이라고 말하는 동안 관리들은 '고곡리에 거주하는 주민들'이라고 말한다. 그래야 관의 권위가 살아난다고 믿기 때문이다. 모든 사람이 평등해야 할 민주의 시대에도 이런 봉건의 찌꺼기가 남아 있다.

백성들이 쓰는 말이 토박이말이요, 귀족들이 쓰는 말이 중국말(을 비롯한 외국말)이 된 까닭이 이러하다. 이렇게 두 갈래로 나누어진 말은 글 쓰는 사람들 때문에 더 골이 깊어졌다. 글을 배운 사람들은 못 배운 사람들 앞에서 뽐내기 위해 백성들이 쓰는 쉬운 말을 버리고 일부러 어려운 말을 골라 써왔다.

한글은 너무 쉬워서 일반 백성들도 다 읽고 쓸 수 있으니까 그런 글을 쓴댔자 잘난 체할 수 없다는 걸 알고 한사코 중국 글자를 써 왔다. 한글로 글을 쓰게 된 뒤에도 그 버릇을 못 버리고 기어이 귀족들이 쓰던 어려운 말로 글을 써 온 것이다.

이것이 입말과 글말이 달라지게 된 내력이다. 이러한 뿌리 때문에 오늘날에도 사람들이 쓰는 말은 물과 기름처럼 두 가지로 나누어져 버렸다. 많이 배워서 많이 안다는 사람도 막일을 하거나 놀이를 할 때에는 입말을 쓴다. 그런데 글을 쓰거나 학술 토론을 할 때에는 글말을 쓴다. 옛날부터 백성들은 일과 놀이에 익숙했고 귀족들은 글공부와 시 짓기에 길들여졌기 때문이다.

아이들이 글을 읽기 싫어한다면, 그 까닭은 딴 데 있는 것이 아니다. 말과 글이 다르기 때문이다. 애써 말하는 법을 배우고 나니 이제 또 글 읽고 쓰는 법을 따로 배우란다. 이것이야말로 짜증나는 일이 아니고 무엇인가. 말을 그대로 옮겨 놓으면 글이 되어야 하고, 글을 읽으면 그대로 말이 되어야 하지 않겠는가.

말을 살려야 글이 산다. 우리네 백성들이 옛날부터 써 온 깨끗한 말을 되살려 쓰는 일은 말도 살리고 글도 살리는 일이 된다. 깨끗한 우리 말을 가장 온전하고 풍부하게 가지고 있는 것이 옛이야기이다.

옛이야기는 백성들이 삶 속에서 만든 것이기 때문에 지저분한 외국말이나 공연히 어렵기만 한 글말이 끼어들 자리가 없다. 아무리 유식한 체하는 사람도 옛이야기를 할 때에는 "옛날 옛날에 한 나무꾼이 살았대" 하지, "과거 어느 시점에 야생 초목을 채취하는 벌목공이 거주하였다"라고는 하지 않을 터이기 때문이다.

옛이야기를 온전한 모습으로 되살려야 하는 또 다른 까닭이 여기에 있다. 옛이야기에는 우리 겨레가 쓰던 깨끗하고 감칠맛 나는 말이 날것 그대로 들어 있다. 그 말은 삶과 동떨어진 껍데기말도 아니요, 일부러 꾸며 낸 억지말도 아니다. 턱없이 어렵기만 한 외국말은 더더욱 아니다. 우리 겨레가 삶 속에서 가꾸어 온 토박이말이 그대로 이야기말이 되는 것이다. 이것을 되살려 아이들에게 들려주는 일은 '국어 사랑 나라 사랑'을 백 번 외치는 것보다 낫다.

2장

옛이야기의 세계

이야기 속 주인공은 아무리 힘이 약해도, 아무리 천한 신분에 있는 바보 천치라도 신기하리만큼 어려움을 잘 이겨 낸다. 아무리 힘이 약한 사람이라 해도 언제까지나 억눌려 살 수는 없다는 믿음이 이런 이야기를 지어낸 바탕이다. 남에게 억눌려 사는 사람들일수록, 기를 펴지 못하고 사는 사람들일수록 이야기를 좋아한 까닭도 여기에 있다. 그이들은 이야기 속 주인공을 시켜서 겪고 싶은 일을 마음껏 겪게 하고, 거기에서 즐거움을 얻는 것이다.

끈질긴 생명을 지닌 이야기 문화

옛날부터 전해 온 것은 모두 소중하다. 그것이 물건이든 글이든 이야기든 다 그렇다. 그 가운데에서도 더욱 소중한 것이 있다면 모양 없이 입에서 입으로 전해 온 것이다.

우리는 문화재가 값지다는 것을 다 안다. 그래서 땅속에서 오랜 세월 잠자고 있던 그릇 조각 하나, 깨진 기왓장 하나까지 소중하게 여긴다. 두말할 나위 없이 마땅하고 옳은 일이다. 그러나 우리는 오랜 세월 동안 입에서 입으로 전해 온 옛이야기는 그만큼 소중한 줄 모른다. 모양을 갖춘 문화재 하나가 없어지면 안타까워하지만, 옛이야기 몇 자리 사라지는 것쯤은 그리 놀라지도 속상해하지도 않는다.

지금 이 시각에도 이 땅에는 귀한 옛이야기가 하나둘씩 사라져 가고 있다. 이야기를 알고 있는 노인들이 하나둘 세상을 떠나면, 노인들이 알고 있던 이야기도 사라지고 만다. 글로 받아 적어 놓은 자료가 있다고는 하지만,

그것이 과연 이 땅에 전해 온 수많은 이야기 가운데 얼마쯤이나 될까.

그나마 사라져 가는 옛이야기에 애정을 가지고 그것을 보존하는 일에 몇몇 사람들이 매달리지 않았다면 어찌 되었을까. 더 늦기 전에 남아 있는 이야기를 찾아내어 보존하는 일을 서둘러야 한다. 이 일은 결코 한두 사람 힘으로 될 수 없다.

모양 없이 입에서 입으로 전해 온 것(구비전승)은 단지 모양이 없다는 까닭만으로 푸대접을 받아 왔다. 많은 사람들이 무덤에서 발굴해 낸 그릇 조각에 관심을 기울이고 있는 동안, 모양 없는 옛이야기는 시골 노인정에서 할아버지, 할머니들 소일거리로 남아 있다가 그분들이 세상을 떠나면서 함께 자취를 감추었다. 그런데 따지고 보면 옛이야기를 비롯한 구비전승은 모양을 갖춘 문화재 못지않게, 차라리 그보다 더 값지다고 할 수 있다. 왜 그런가.

많은 유형 문화재들은 이 땅에 살아 온 백성(민중)들 뜻과 관계 없이 전해진 것이다. 단지 그것이 남아 있던 곳의 자연 조건이 전승 여부를 결정할 뿐이다. 다시 말하면, 남아 있기 좋은 곳에 묻혔거나 세워진 물건은 오래 남고, 그렇지 않은 물건은 사라졌다. 백성들이 아무리 좋아하던 물건이라도 뜻하지 않게 사라질 수 있었고, 별 볼일 없는 물건이라도 운 좋게 살아남을 수 있었다.

그러나 옛이야기는 그렇지 않다. 그것은 오로지 이 땅을 지켜 온 백성들 뜻에 따라 전해졌다. 백성들이 보기에 값진 것이면 끈질긴 생명의 힘으로 살아남았고, 백성들이 보기에 별 볼일 없는 것이면 이내 사라졌다. 자연 조건이나 외부의 힘은 맥을 추지 못한다. 눈비가 온다고, 흉년이 들었다고, 권력자가 억누른다고 옛이야기가 사라지겠는가. 천만의 말씀이다. 그럴수록 더 힘차게 살아남아 전해진 것이 바로 옛이야기이다.

옛날부터 전해 온 것을 전승이라고 하면, 전승에는 옛이야기만 있는 것이 아니다. 몸짓으로 전해 온 것도 있고 물건으로 전해 온 것도 있다. 그 가운데에서 말로 전해 온 것이 말 전승(구비전승)이다. 말 전승에는 옛말(속담), 이야기, 노래말, 놀이말 들이 있는데, 이 가운데 문학으로서 가장 온전한 틀을 갖춘 것이 이야기임은 두말할 나위도 없다. 이것을 알기 쉽게 그림으로 나타내어 보면 다음과 같다.

[그림 1] 전승과 문학의 만남

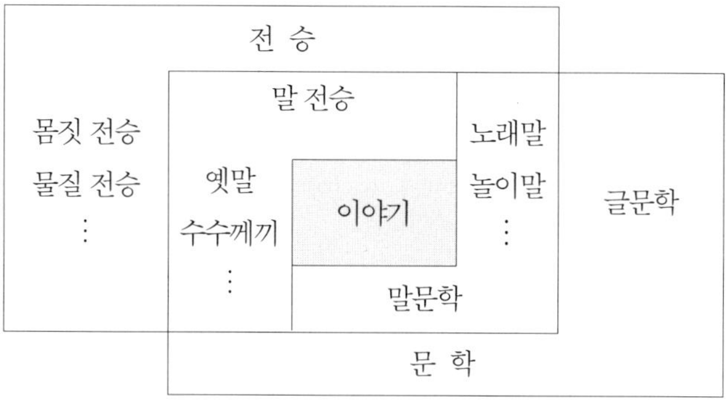

이야기는 다시 신화, 전설, 민담으로 나눌 수 있다. 이러한 나눔법은 서양에서 들어왔지만 우리 옛이야기에 맞추어도 큰 무리는 없어 보인다. 세세하게 따지자면 끝도 없을 터이므로 대강 그 뜻을 매겨 보면, 신화는 신성을 가진 이야기이고 전설은 증거를 품는 이야기이며 민담은 그저 흥미를 위해 지어낸 이야기이다. 하지만 이 경계가 아주 뚜렷한 것은 아니어서, 이야기에 따라서는 이쪽저쪽을 넘나드는 것도 있다.

신화의 경우, 우리 나라에서는 오랫동안 몇몇 건국영웅 이야기들이 주인 자리를 차지해 왔다. 그 때문에 다른 신화들이 그늘에 숨어 제대로 알려지지 못한 것이 사실이다. 이를테면 많은 구전 무속신화들은 민간신앙에 얽혀 전해 온 까닭에, 양반사대부 중심 유교 문화에게 '미신'으로 배척당해 왔다. 하지만 색안경을 벗고 보면 그 가운데 튼튼한 서사를 갖춘 재미난 이야기들이 참으로 많다. 이제 이러한 이야기들을 잘 거두고 다듬어 아이들에게 전해 주는 일은 더 미루기 힘든 과제가 되었다.

전설은 신화보다는 활발하게 전승돼 온 편이지만, 요새 와서 한갓 흥밋거리로만 다루어지는 바람에 그 모양이 상당히 비뚤어졌다. 이를테면 텔레비전 같은 대중매체에서 다루는 전설에는 온통 귀신이나 구미호 이야기가 판을 친다. 사실 전설에는 옛날 백성들이 바라본 현실이 정직하게 드러나 있는 경우가 많은데도 그렇다. 임꺽정, 홍경래, 김덕령 같은 민중영웅 이야기가 좋은 보기가 되는데, 이러한 전설의 본모습을 되살려 아이들에게 전해 주는 일도 매우 중요한 숙제가 되었다.

하지만 우리는 신화와 전설에 대한 이야기는 잠깐 뒤로 미뤄 두고 먼저 민담에만 관심을 기울이기로 한다. 왜냐하면 민담이야말로 옛이야기의 꽃이라 해도 좋을 만큼 매력과 장점이 많기 때문이다. "옛날 옛적에……"로 시작하여 "그래서 잘 살았더란다"로 끝나는 민담은 재미와 공감이 생명이다. 합리성과 현실감에 얽매이지 않는 자유분방한 줄거리는 재미의 샘이 되고, 가난하고 평범한 주인공이 온갖 어려움을 이겨 내고 행운에 이르는 과정은 공감의 뿌리가 된다. 이는 곧 주인공이 자신을 대신하여 꿈을 이루는 '대신 겪기'의 과정이 되기도 한다.

신화나 전설과 달리 민담의 주인공은 왜 언제나 가난하고 힘없는 사람일까? 두말할 나위도 없이, 이는 주인공과 자신을 쉽게 동일시하기 위한 장치이다. 이야기를 듣는 사람은 누구나, 아이들이라면 더구나 주인공이 평범한 사람일수록 자신과 가깝다고 여길 것이다. 주인공이 처음부터 뛰어난 능력과 특별한 운명을 지니고 태어나 비범한 일을 벌인다면, 그런 인물에게 친밀감과 일체감을 느끼긴 어려울 테니까. 민담을 만들고 즐긴 사람들이 다 고만고만한 어려움을 안고 살아간 보통 백성들이었다는 점을 생각하면 이는 더욱 당연한 일이다.

옛이야기는 입에서 입으로 전해 왔기 때문에 그 모양이 언제나 살아 움직인다. 똑같은 유형(이 말은 '독립된 줄거리를 가진 이야기'라는 뜻으로 쓴다)의 이야기라도 이야기꾼에 따라서, 때와 장소에 따라서 그 꼴이 달라진다. 이것이 이야기의 생명력이다. 종이 위에 씌어져 움직이지 못하는 것이 글로 쓴 문학(글문학, 기록문학)이라면, 언제나 새로운 모습으로 살아 움직이는 것이 말로 전해진 문학(말문학, 구비문학)이다.

오랜 옛날부터 지금까지 이 땅에는 얼마나 많은 이야기가 나타났다가 사라졌을까. 그런 것을 생각하면 가슴이 설렌다. 백성들 속에서 만들어진 이야기가 백성들 입으로 전해지다가, 때로는 슬그머니 자취를 감추기도 하고 때로는 펄펄 살아나 이 땅 구석구석까지 퍼지기도 한 것이다.

백성들에게 흥미와 감동을 주지 못하는 이야기는 저절로 사라지고, 백성들이 너도나도 좋아한 이야기는 끈질긴 생명의 힘을 얻어 천년만년 전해진다. 예를 들면, '임금님 귀는 당나귀 귀' 이야기는 천년 전에 씌어진 《삼국유사》에도 실려 있다. 《삼국유사》를 쓴 일연 스님이 스스로 지어낸 이야기가 아니라, 민간에서 떠돌던 이야기를 듣고 재미있다 싶어서 책에 실은 것이다. 그러니 이 이야기는 천년도 더 된 옛날에 만들어져서 오늘까지 전해 오고 있는 셈이다. 이것이 가슴 설레는 일이 아니고 무엇인가. 옛이야기 속에서 우리는 먼 옛날 이 땅을 지키며 살았던 사람들의 생생한 숨결을 느끼게 된다.

옛이야기가 지닌 힘

옛이야기 속에는 온갖 것이 들어 있다. 겨레의 삶과 생각, 슬기와 용기, 웃음과 눈물이 말 마디마디 스며들어 있다. 옛사람들은 흥겨운 마음으로 한바탕 이야기판을 벌이는 가운데 준엄한 진실을 깨닫고 새로운 힘과 용기를 얻었다. 날카로운 풍자로 억눌려 살아온 한과 눈물을 씻어 내기도 하였고, 걸쭉한 입담으로 삶 속에 쌓인 짜증과 피로를 벗어던지기도 하였다. 아무리 심각한 주제라도 옛이야기 속에 녹아들면 푸근하고 넉넉한 웃음으로 버무려진다. 이것이 옛이야기가 지닌 힘이다.

이야기는 어느 것이나 알맹이(자아)와 껍데기(세계)가 겨루면서 시작하고 펼쳐진다. 알맹이는 주인공이요, 이야기하는 사람과 듣는 사람이 함께 속한 공동체다. 껍데기는 주인공을 둘러싼 환경이요, 이야기를 나누는 사람들이 헤쳐 나가야 할 걸림돌이다. 현실에서는 이 둘이 서로 팽팽하게 맞서거나, 알맹이가 물러서는 것이 예사다. 그러나 이야기 속에서는 언제나 알맹이가 쉽사리 껍데기를 물리친다. 그것도 아주 속 시원하게끔.

이야기를 즐기는 사람들은 주인공이 온갖 어려움을 딛고 기어이 껍데기를 이겨 낼 때 통쾌함을 느낀다. 현실에서 어찌할 수 없는 불만과 울분을 이야기 속 세상에 들어가 모조리 풀어 버리는 것이다. 이래서 이야기 속 주인공은 바로 살아 있는 사람들의 모습이다. 여기 한 가지 이야기를 들어 보자.

옛날에 옛날에, 호랑이 담배 피울 적에, 어느 마을에 삼형제가 살았단다. 그냥 삼형제가 아니고, 아주 신기한 재주 하나씩 가지고 있는 삼형제가 살았단다.

맏이는 눈이 밝아서 뭐든지 잘 보는데, 그냥 눈이 밝은 게 아니고 아무리 멀리 있는 것도 다 뵈고, 아무리 꼭꼭 숨겨 놓은 것도 다 뵈네. 산 너머 동네 보리방아 찧는 것도 다 뵈고, 땅속에서 두더지 낮잠 자는 것도 다 뵈네.

둘째는 힘이 장산데, 그냥 장사가 아니고 아무리 무거운 것도 다 지고, 아무리 덩치 큰 것도 다 지네. 뒷산에 집채만 한 바윗덩이도 덜렁 지고, 나뭇짐 서른 짐도 한 어깨에 다 지네.

막내는 맷집이 좋은데, 그냥 맷집 좋은 게 아니고 맞으면 맞을수록 힘이 펄펄 살아나네. 회초리로 맞으면 간지럽다고 웃고, 몽둥이로 맞으면 "어이 시원타, 어이 시원타"고 더 큰 걸로 때려 달라네.

이 삼형제 사는 마을에 흉년이 들었단다. 흉년이 들어서 온 마을 사람들이 굶어 죽을 판이었단다. 삼형제네 집에도 밥을 못 지어 먹어 아궁이에 풀이 났단다.

하루는 삼형제가 산 위에 올라갔지. 먼저 맏이가 그 밝은 눈으로 여기저기 둘러봤지. 어디고 간에 굶는 사람뿐인데, 아이고 한곳을 보니 곳간에 쌀가마니가 그득하네. 거기가 어디냐면 사또 사는 관청인데, 그 곡식 풀어 먹이면 온 마을 사람 배불리 먹고도 남을 것 같애. 안 되겠다. 동네 사람 다 굶는 판에 세금으로 거둔 곡식 저 먹겠다고 저리 쌓아 놓았으니, 저걸 꺼내다가 여러 사람 먹여 보자. 이렇게 궁리를 하고.

둘째가 밤을 도와 곳간에 썩 들어가서 한 어깨에 서른 가마씩 예순 가마를 짊어지고 나와서는 온 마을 사람에게 나누어 주고, 그래도 남아서 이웃 동네 사람들까지 배불리 먹였단다.

이튿날 날이 밝으니 호랑이 같은 사또가 곳간에 곡식 훔쳐간 놈 찾는다고 사령들을 풀어서 죄 없는 사람을 막 잡아가네. 이때 막내가 썩 나섰지.

"곡식 훔쳐간 놈 여기 있소. 날 잡아가시오."

그래서 사또가 막내를 잡아다 형틀에 묶어 놓고 볼기를 때리는데, 곤장이 '철썩' 할 때마다 "어이 시원타, 어이 시원타" 하니 사또가 약이 올라 쇠막대기로 치라네. 쇠막대기로 맞으니 더 기운이 펄펄 나.

"어이 시원타. 더 큰 몽둥이는 없는가."

사령은 때리다가 때리다가 제풀에 지쳐 나자빠지고, 사또는 약이 오를 대로 올라 발발 떨다가 화병이 나서 꼴까닥.

삼형제는 동네 사람들하고 천년만년 잘 살았단다. 병 없고 근심 걱정 없이 잘 먹고 잘 살았단다.

재주 있는 삼형제, 들은 이야기, 떠올려 쓰기

이 얼마나 통쾌한 이야기인가. 억눌리고 빼앗기며 살아가는 사람들이 맺힌 한을 훌훌 털 수 있을 만큼 속 시원한 이야기가 아닌가. 속 시원하면서도 재미있고, 재미있으면서도 눈물겹고, 눈물겨우면서도 한편으로 웃음이 터지는 이야기다. 구실아치들 등쌀 때문에 울분을 삭이던 사람들이 이 이야기를 들으면 먼저 흉년이 들어 고생하는 마을 사람들 처지가 남 일 같지 않아 눈물겨울 것이다. 그러다가 맷집 좋은 막내가 볼기를 맞으면서 "어이, 시원타" 하는 대목에서는 한바탕 웃음이 터질 것이다. 눈에는 눈물이 그렁

그렁한 채로.

이렇게 옛이야기는 겨레의 마음에 실려 오늘까지 전해 왔다. 사람들은 옛이야기를 들려주고 들으면서 흥을 돋우었다. 단순히 흥을 돋우는 데에 그쳤다면 이야기의 생명력은 이보다 약했을지 모른다. 이야기 속에 준엄한 진실이 들어 있었기에 더욱 힘차게 살아서 전해졌을 것이다. 그 진실은 삶의 모습을 꿰뚫어 보는 슬기이기도 하고, 억눌려 살아가는 백성들이 스스로 설 자리를 찾아가는 깨침이기도 했다.

그런데 이야기를 들려주거나 듣는 사람들은 비장한 마음으로 심각하게 진실을 깨우치거나 깨달으려 했던 것이 아니다. 그들은 진실을 웃음과 흥겨움 속에 묻어 두고, 깨우침과 깨달음을 즐거움으로 녹여 냈다. 때로는 이야기 속에 묻힌 진실을 찾아내지 못하는 사람도 있었을지 모른다. 그러나 그것이 무어 대수겠는가. 함께 웃으며 즐기는 것으로 이야기는 제구실을 다한 것이니.

옛이야기는 재미있게 들으라고 지어낸 것이니만큼 그 줄거리가 아주 허황한 것이 많다. 허황하다는 것은 상상의 힘을 크게 펼칠 수 있는 빈자리가 많다는 뜻이기도 하다. 아이들이 특히 이야기를 좋아하는 것도 이 때문이다. 아이들은 마음이 아주 깨끗하고 막힘이 없기 때문에, 어떤 상상의 세계도 주저 않고 받아들일 수 있다. 마치 깨끗한 종이 위에는 어떤 그림이라도 그릴 수 있는 것처럼.

'착한 사람은 복을 받고 나쁜 사람은 벌을 받는다'는 것은 옛이야기의 한결같은 주제이다. 그러기에 옛이야기란 어떤 것이든 끝이 빤히 내다보인다. 그런데도 재미있는 것은 '대신 겪게 하기'의 즐거움 때문이다. 내가 겪고 싶은 것을 주인공을 내세워 대신 겪게 하면서 누리는 즐거움이다.

이야기 속 주인공은 아무리 힘이 약해도, 아무리 천한 신분에 있는 바보 천치라도 신기하리만큼 어려움을 잘 이겨 낸다. 아무리 힘이 약한 사람이라 해도 언제까지나 억눌려 살 수는 없다는 믿음이 이런 이야기를 지어낸 바탕이다. 남에게 억눌려 사는 사람들일수록, 기를 펴지 못하고 사는 사람들일수록 이야기를 좋아한 까닭도 여기에 있다. 그이들은 이야기 속 주인공을 시켜서 겪고 싶은 일을 마음껏 겪게 하고, 거기에서 즐거움을 얻는 것이다.

옛날에 두 사람이 한날한시에 죽었어. 그러니까 저승길을 가는데, 둘이 같이 가게 된 거지. 그런데 한 사람이 뭐라고 중얼중얼거리면서 가거든. 옆에 있던 사람이,

"당신 지금 뭐라고 중얼거리는 거요?"

하니까,

"나는 극락 가려고 염불 외면서 가지요. 나무아미타불, 나무아미타불……."

하고 중얼중얼 염불을 외면서 가거든.

"아이고, 그거 나도 좀 가르쳐 주시오. 나도 극락 좀 가게."

그래서 '나무아미타불'을 외라고 가르쳐 줬어. 이 사람이 염불을 배워서 외며 가는데, 그만 도랑을 하나 건너뛰다가 잊어버렸네.

"여보시오! 나 염불 잊어버렸소. 다시 가르쳐 주시오."

하는데, 염불 잘하는 사람은 벌써 저만치 앞서 가. 가르쳐 주기도 귀찮고, 저 혼자서 극락 가고 싶었던가 몰라. 할 수 없이 이 사람이 겨우 생각했다는 것이,

"천타불 만타불 줄아미타불, 천타불 만타불 줄아미타불……."

이러고 외면서 갔거든. 참 말도 안 되는 염불을 외면서 가는데, 앞서 간 사람은 저 혼자 저승문 앞에까지 갔어. 가서, 들어가려고 하니까 문지기가 막아.

"뒤에 오는 사람하고 같이 오지, 왜 혼자서 먼저 오느냐?"

그래서 저승문 앞에 붙어 서 있다가 뒤에 사람이 오니까 같이 들어갔지. 들어가니까, 염라대왕님이 저승길 올 때 어떻게 하고 왔느냐고 묻거든. 앞서 간 사람은,

"저는 나무아미타불을 열심히 외며 부지런히 앞서 왔습니다."

하고, 나중 온 사람은,

"저는 염불을 잊어버려서 천타불 만타불 줄아미타불 하면서 뒤따라 왔습니다."

했거든. 그러니까 염라대왕님이 나중 간 사람은 꽃방석에 앉히고, 먼저 간 사람은 기름 가마로 보내 버렸어. 왜 그랬느냐고? 저 혼자만 극락 가겠다고 먼저 내뺀 것이 죄라는 말이지. 그리고 꽃방석에 앉은 사람더러 염불 한번 더 외어 보라고 했더니, 그새 또 잊어버리고,

"천보살 만보살 천보살 만보살, 비나이다."

이러더래. 하하하.

저승길도 같이 가라, 《전북민담》 받아 쓰기 → 다시 쓰기

이런 이야기는 아주 준엄하다. 저승길 가는데도 혼자 먼저 가면 벌을 받는다고 하니, 이승에서 저 혼자 잘 살겠다고 남을 뿌리친 사람들이 들으면 등골이 서늘하겠다. 염불을 엉터리로 왼 것은 죄가 되지 않으나, 남을 뿌리치고 혼자 간 것은 죄가 된다는 생각이 바로 힘없고 배운 것 없는 백성들

생각이었다. 가난해서 배우지 못한 것이 어찌 죄가 된단 말인가? 그러나 저 혼자서만 잘 살겠다고 남을 따돌리는 것은 중죄임에 틀림없다.

이러한 준엄한 진실을 이야기하면서도 '천타불 만타불' '천보살 만보살' 하는 엉터리 염불을 외어 보이면서 한바탕 웃음을 자아낸 것이 재미있다. 주인공을 시켜 하고 싶은 일을 대신 겪게 하면서도 웃음을 곁들여 심각한 주제를 눅지근하게 만든 것이다.

이래서 옛이야기는 이야기의 꽃이다. 치열한 삶의 모습이 있는가 하면 자유분방한 상상의 세계가 있고, 흥겨운 어깨춤 속에 준엄한 진실이 들어 있다. 눈물 속에도 통쾌한 웃음이 있고, 익살 속에도 날카로운 풍자가 있다. 주인공을 따라 함께 울고 웃으면서, 이야기하는 이나 듣는 이 모두 하나가 되는 세계, 이것이 옛이야기의 세계이다.

우리 옛이야기와 서양 옛이야기

'동화의 나라'라고 하면 맨 먼저 무엇이 머릿속에 떠오르는가? 지붕 끝이 뾰족뾰족한 궁전과 예쁜 공주와 씩씩한 왕자 모습이 떠오르는가? 그렇다면 다시 한번 더 생각해 보기 바란다. 머릿속에 떠오른 풍경이나 사람은 우리 나라 것인가, 아니면 다른 나라 것인가.

옛이야기에는 그 나라 백성들이 살아가는 모습이 담겨 있다. 옛이야기가 나라마다 겨레마다 독특한 것도 그 때문이다. 우리는 우리 아이들에게 우리 이야기를 먼저 들려주어야 한다.

그런데 현실은 어떤가. 아이들이 말을 배우면서부터 텔레비전에서 보고 듣는 이야기는 '백설공주'와 '신데렐라'로 대표되는 서양 이야기다. 글을 깨치면서 읽는 동화도 마찬가지다. '동화의 나라'라는 말을 듣고 지붕 끝이 뾰족한 궁전과 호박같이 생긴 마차가 생각나는 까닭은, 어려서 읽은 서양 동화책 속 모습이 머릿속에 남아서 사라지지 않기 때문이다. 다른 나라 아이들도 우리 아이들처럼 외국 옛이야기를 어릴 때부터 들으면서 자랄까?

이야기를 연구하는 모임에서 이런 말을 했더니, 그중 한 사람이 이상하다는 듯이 되받았다.

"아이고, 선생님. 저는 다른 모임에서 거꾸로 배웠어요. 우리 나라 전래동화는 어려워서 아이들이 이해하기 힘드니까 외국 동화를 먼저 들려주라고 어느 교수님이 그러던데요."

우리 나라 옛이야기는 어려워서 이해하기 힘들다고? 도대체 무엇이 어렵단 말인가? 그래서 다시 물었더니,

"요즘 아이들이 이해 못하는 말이 많다는 거예요. 예를 들면 지게 지고 나무하러 간다는 말을 아이들이 쉽게 이해 못한다는 거지요."

하고 대답했다. 정말 그럴까? 그 교수님은 우리 나라 아이들이 지게 지고 나무하러 가는 것은 이해 못하고, 왕자와 공주가 무도회에 춤추러 가는 것은 잘 이해하리라고 생각했을까? 설령 그렇더라도, 오히려 그럴수록 우리 옛이야기를 먼저 들려주어야 한다. 우리 말이 어렵다고 아이들에게 외국말을 먼저 가르쳐야 할 것인가?

다른 나라 이야기에는 그 나라 사람들이 두루 가진 생각의 틀과 삶의 모습이 담겨 있다. 그러므로 그 배경을 바로 이해할 수 있는 나이가 되어서 듣고 읽는 것이 좋다. 그렇지 않으면 서로 다른 정서가 맞부딪치면서 오는 갈등을 피할 수 없게 된다.

'백설공주'와 같은 유럽 민담은 왕자와 공주, 영웅과 미인 같은 '특별한

사람'이 주인공이 되어서 다른 나라 왕이나 왕비, 괴물과 마녀 같은 '특별한 악인'과 맞서 싸우는 것이 대부분이다. 그래서 아이들이 주인공과 친해지지 못하고 멀리 떨어진 느낌을 갖게 되거나, 심하면 열등감을 느낄 수도 있다.

더구나 이런 이야기에서는 거의 예외 없이 얼굴이 예쁘고 잘생긴 사람이 착한 사람이다. 그것도 아주 백설같이 희고 고운 얼굴을 가진 사람이. 얼굴이 거무튀튀하거나 노랗거나 파랗거나 못생겼으면 영락없이 나쁜 사람이다. 이런 이야기를 듣고 아이들이 거울을 보며 속상해하지 않는다고 누가 장담할 것인가? 우리 나라 아이들은 아무도 살갗이 '백설'처럼 하얗지 않다.

우리 나라 옛이야기에는 왕자와 공주 같은 사람은 거의 나오지 않는다. 우리 백성들 삶과 동떨어진 이야기이기 때문이다. 착한 사람이라고 무조건 얼굴이 예쁘고 잘생기지도 않았다. 오히려 '반쪽이 이야기' 같은 데서는 얼굴이 흉측하기 짝이 없는 반쪽이가 너무나 착하고 너그러운 사람으로 그려져 있다. 주인공도 그저 평범한 사람이 많다. "옛날 옛적에, 어느 산골에 할아버지 할머니가 살았는데……" 하고 시작하는 이야기에서 무슨 특별히 뛰어난 사람이 나오겠는가? 그러니 아이들은 이런 옛이야기 주인공과 금방 친하게 되고, 이야기를 듣고 나서 거울을 보며 속상해하지 않아도 되는 것이다.

옛날에 어떤 할아버지 할머니가 살았는데, 늙도록 아이를 못 낳았대. 그래서 날마다 부처님한테 아이 낳게 해 달라고 빌었어. 그랬더니 하루는 꿈을 꾸는데 머리가 허연 할아버지가 나타나서는,

"뒤뜰에 있는 우물에 가면 잉어가 세 마리 있을 터이니, 그걸 고아 먹으면 아들을 낳을 것이다."

이러는 거야. 꿈을 깨서 우물에 가 보니, 정말로 커다란 잉어가 세 마리 있거든.

"부처님, 고맙습니다."

하고, 그 잉어 세 마리를 고아서 먹으려고 하는데, 아 어디서 고양이란 놈이 나타나서는 잉어 한 마리를 물고 도망을 가. 막 따라가서 빼앗았는데, 벌써 고양이란 놈이 절반을 먹어 버렸지 뭐야. 할 수 없이 옹근 것 두 마리하고 반쪽을 먹었지.

그리고 얼마 뒤에 아이를 낳았어. 세 쌍둥이를 낳았어. 그중 둘은 옹근 아이인데, 하나는 반쪽이야. 눈도 하나고 귀도 하나, 팔도 다리도 하나씩만 있는 반쪽 아이지. 그런데 자라면서 보니 힘이 아주 장사야.

아들 삼형제가 잘 자라서 공부를 열심히 해 가지고 과거 보러 가게 됐거든. 그런데 두 형은 반쪽이를 데리고 가기 싫어서 못 따라오게 했어. 사람들이 보고 놀린다고. 그래도 반쪽이는 기어이 따라가겠다고 형들 뒤를 쫓아갔겠지. 그러니까 형들이 반쪽이를 커다란 바위에다 꽁꽁 묶어 놓고 가 버렸어. 반쪽이는 힘이 장사거든. '끙!' 하고 한 번 용을 쓰니까 바위가 몸에 묶인 채로 덜렁 뽑혀. 그걸 등에 짊어지고 집으로 왔어. 어머니가 그걸 보고서는,

"너 그 큰 바위는 뭣에 쓰려고 가지고 왔니?"

하고 물으니까 반쪽이는,

"형들이 과거에 급제해 오면 잔치할 때 떡 받을 떡돌로 쓰려고 가져왔어요."

그래. 그리고는 또 냅다 뛰어서 형들 뒤를 따라갔어. 형들이 이번에는 반쪽이를 큰 나무에다 꽁꽁 묶어 놓고 가 버렸어. 그랬더니 반쪽이가 또 '끄

응!' 하고 힘을 써서 나무를 뿌리째 뽑아 가지고 짊어지고 집에 왔지. 어머니가,

"너 그건 또 뭣에 쓰려고 갖다 놓니?"

하니까,

"형들 과거에 급제해 오면 잔치할 때 떡메 만들려고 가져왔어요."

해. 그래 놓고 또 냅다 뛰어서 형들을 쫓아가. 형들이 보니 같잖지도 않거든. 이번에는 아주 못 따라오게 만들겠다고 반쪽이를 칡으로 꽁꽁 묶어서 호랑이가 많이 사는 산속에다 던져 놓고 가 버렸어. 반쪽이가 또 '끄응!' 하고 힘을 쓰니까 칡이 다 끊어져. 그때 호랑이가 나타나서 반쪽이한테 덤벼들거든. 반쪽이가 호랑이 귀를 이렇게 턱 잡고 발로 툭 차니까 호랑이가 뒤로 벌렁 나자빠져서 죽어. 다른 호랑이가 덤벼드니까 또 그렇게 하고, 그렇게 하고, 해서 호랑이 가죽을 아주 많이 벗겼어.

호랑이 가죽을 짊어지고 집으로 가다 보니 날이 저물지 않겠어? 그래서 주막에 들었는데, 주막집 주인이 보니까 반쪽이가 호랑이 가죽을 많이 가지고 있거든. 그게 탐이 나서 내기를 하자고 했어. 주인이 장기를 아주 잘 뒀나 봐. 장기를 두어서 주인이 지면 딸을 반쪽이에게 시집보낼 터이니, 반쪽이가 지면 호랑이 가죽을 다 달라고 해. 반쪽이가 그러자고 하고, 둘이 장기를 뒀어. 세 판을 두었는데, 세 판 다 반쪽이가 이겼거든. 힘만 센 줄 알았더니 장기도 잘 뒀나 봐.

그런데 주인이 아무리 생각해도 저 흉한 반쪽이한테 딸을 시집보내기 싫거든. 그래서 약속을 어기고 반쪽이를 내쫓았어. 그리고는 반쪽이가 딸을 못 업어 가도록 지붕에도 사람을 두어 지키게 하고, 문 앞에도 사람을 시켜 지키게 하고, 집 안에도 사람을 여럿 지키게 했어. 반쪽이가 그걸

알고, 그날은 일부러 그 집에 안 갔어.

그다음 날 밤이 되니까 반쪽이가 그 집에 가는데, 갈 때 노끈하고 떡시루하고 북하고 빈대 벼룩을 가지고 갔거든. 가니까, 어제 밤새도록 뜬눈으로 지킨다고 잠을 못 자서, 지키는 사람들이 죄다 쿨쿨 자고 있어.

반쪽이가 먼저 지붕 위에 있는 사람 상투를 마주 붙잡아 매고, 그다음 문 앞에 있는 사람들 머리에다 떡시루를 씌워 놓고, 집 안에 있는 사람들 손에 북과 북채를 달아 놓고는, 처녀가 자는 방에 빈대 벼룩을 뿌렸어. 그러니까 처녀가 "아이구 따가워!" 하고 뛰쳐나올 거 아니야? 반쪽이가 처녀를 얼른 업고 나가면서,

"반쪽이가 처녀 잡아간다!"

하고 냅다 소리를 질렀어. 그 바람에 놀란 사람들이 잠을 깨는데, 지붕에 있는 사람들은"내 상투 놔라, 내 상투 놔라" 하고 소리치고, 문 앞에 있는 사람들은 "아이고, 하늘이 내려앉았네!" 하고 소리치고, 집 안에 있는 사람들은 '둥둥둥' 하고 북만 치고 있더래. 반쪽이는 처녀하고 결혼해서 잘 살았다지.

반쪽이, 〈한국구전설화〉 받아 쓰기 → 다시 쓰기

이 이야기를 듣고 기죽을 사람은 아무도 없다. 이 세상 어느 누구라도 반쪽이보다는 잘생기고 옹근 몸과 얼굴을 가지고 있을 터이니.

반쪽이는 온전하지도 못하고 모자라며 못난 이들을 대신해서 통쾌한 일을 시원스럽게 해치운다. 이것이 우리 이야기다. 우리 이야기의 주인공은 언제나 보통 백성이며, 그 가운데서도 가진 것 없고 억눌린 사람이다. 왕자와 공주처럼 특별하고 남에게 떠받들려 사는 사람이 주인공이 될 수 없다.

서양 옛이야기도 일반 백성들이 만들었을 텐데 왜 왕자와 공주 이야기가 그리 많은가? 사실은 서양 이야기에도 보통 백성들이 주인공인 이야기가 더 많다. 그런데 이상하게도 우리 말로 옮겨 전해지면서 온통 왕자와 공주 이야기가 판을 치게 되었다. 여기에 대해서는 자세하게 설명할 여유가 없지만, 서양 옛이야기가 대부분 일본을 거쳐서 우리 나라에 전해졌다는 사실만은 밝혀 두기로 한다.

우리 이야기에는 또, 흉악한 괴물이나 마녀가 잘 나오지 않는 대신 도깨비나 귀신이 종종 나온다. 그런데 이 도깨비나 귀신은 사람을 잘 해치지 않는다. 도깨비는 보통 어수룩하고 엉뚱한 모습으로 그려지며, 귀신은 한을 품고 나타나지만 한이 풀어지면 고분고분 자기 세상으로 돌아간다. 때로는 귀신이 주인공을 도와주기도 한다. 도깨비는 사람을 속이기도 하고 사람에게 속기도 하며, 때때로 사람들과 아주 친하게 지낸다. 도깨비의 겉모습도 사람과 별로 다를 게 없다. 흔히 도깨비는 머리에 뿔이 달리고 눈이 하나밖에 없는 것으로 알고 있는 사람이 많지만, 이것은 사실 일본 도깨비의 모습이다.

우리 나라 도깨비는 사람 모습을 닮았지만 본디 모습은 집 안 물건이다. 둔갑을 잘해서 솥뚜껑이나 빨랫줄이 되기도 하지만, 알고 보면 빗자루라는 식이다. 어느 도깨비 이야기에도 머리에 뿔 달렸다는 말은 나오지 않는다. 외눈박이라는 말도 찾아볼 수 없다. 혹시 그런 이야기가 있더라도 일제강점기를 거치면서 일본 이야기 영향을 받은 것이라고 보아야 한다. 동화 작가들이 옛이야기를 글로 고쳐 쓰면서 공연히 우리 도깨비를 일본 도깨비로 둔갑시킨 일도 거기에 한몫했겠지.

호랑이는 또 어떤가. 우리 이야기에 나오는 호랑이는 크게 두 가지 모습으로 나타난다. 싸움이나 놀림의 대상이거나 주인공을 도와주는 착한 모습이다. 어느 것이든지 호랑이는 사람을 해치지 못한다.

욕심 많고 어리석은 호랑이는 언제나 꾀 많은 토끼에게 당하고, 은혜를 입은 호랑이는 자기 목숨을 구해 준 선비를 위해 죽는다. 놀림감이 되는 호랑이는 백성을 힘으로 억누르는 사람의 상징이고, 주인공을 도와주는 호랑이는 자연의 화신이다. 흔히 호랑이가 엄하면서도 인정 많은 산신령의 모습으로 그려지는 까닭도, 자연은 두려운 것이지만 또한 끝없이 베풀기만 하는 삶의 터전이기 때문이다.

우리 이야기에는 이렇듯 우리 겨레의 착한 마음이 고스란히 담겨 있다. 어릴 때부터 우리 이야기를 들려주는 일이야말로 아이들에게 우리 겨레의 혼을 심어 주는 일이다.

옛이야기의 맛과 멋

옛이야기의 성격을 몇 가지로 간추려 보면 흥미성, 민중성, 사상성, 그리고 단순발랄성을 들 수 있다.

흥미성은 그저 재미있다는 성질이다. 상상 세계와 현실을 마음대로 넘나드는 데서 옛이야기의 재미가 시작된다. 그리고 주인공이 온갖 어려움을 이겨 내고 잘 살게 되는 데서 옛이야기의 재미는 완성된다.

민중성이란 앞에서 말한 대로, 백성들 속에서 만들어지고 퍼뜨려졌다는 성질이다. 옛이야기의 주인은 뭇 백성들이지 별난 사람이 아니다.

사상성이란 이야기 속 가르침을 말하는데, 여기에는 몇 가지 눈여겨볼 만한 것이 있다. 옛이야기에는 그것을 만들고 퍼뜨린 사람들 생각이 은연

중에 녹아들어 있게 마련이다. 그중에서 어느 이야기에나 한결같이 뚜렷하게 나타나는 생각이 있다면, 그것은 많은 사람들이 한결같이 옳다고 믿은 생각이므로 매우 값진 것이다.

그 하나가 '착한 사람은 복을 받고, 나쁜 사람은 벌을 받는다'는 주제다. 이 주제는 평범한 것 같지만 매우 큰 힘을 가지고 있다. 아무리 힘겹게 살아가는 사람이라도, 아무리 억눌려 살아가는 사람이라도 착한 마음을 잃지 않고 꿋꿋이 살아가면 언젠가는 복을 받는다는 믿음은 현실의 어려움을 이겨 내는 데 더할 나위 없이 큰 힘이 된다. 사실, 힘겹게 살아가는 사람들에게 이보다 더 큰 희망이 어디 있겠는가.

또 하나의 주제는 힘센 편에 맞서서 약한 편을 돕는 것이다. 옛이야기 속에 나오는 주인공은 힘없고 어려운 처지에 있는 것이 보통이다. 호랑이에게 쫓기는 토끼, 괴물에게 자식을 빼앗긴 농부, 부자 등쌀에 시달리는 가난뱅이, 힘없는 어린아이가 그렇다. 이 주인공을 괴롭히는 상대가 힘세고 유리한 처지에 있는 것은 당연하다. 토끼를 잡아먹으려는 호랑이, 사람 잡는 괴물, 권세 있고 돈 많은 벼슬아치, 욕심쟁이 어른이 그렇다. 옛이야기를 하는 사람이나 듣는 사람은 누구든지 약한 편이 힘센 편을 이기기를 은근히 바라며, 주인공과 한마음이 되어 힘센 편에 맞서는 것이다.

그런데 힘없는 주인공이 무슨 수로 힘센 상대를 이길 수 있는가? 힘이 약하니 꾀를 써서 이기는 수밖에 없다. 우리 옛이야기에서 언제나 힘이 약한 주인공은 꾀가 많고, 상대는 어리석게 그려지는 까닭이 여기에 있다. 이 둘이 맞서면 언제나 힘이 약한 편이 끝내 이긴다. 어리석고 힘센 상대는 제 욕심과 제 꾀에 넘어가서 놀림감이 되거나 쫓겨나게 되는 것이다.

한 가지 재미있는 것은 똑같은 사람이라도 상대에 따라 이기기도 하고 지기도 한다는 점이다. 임금이 가난한 백성과 겨루면 영락없이 지는데, 다른 나라 임금과 맞서면 십중팔구 이긴다. 왜냐하면 백성은 임금보다 약하지만, 다른 나라 임금은 우리 나라 임금보다 세기 때문이다. 중이 어린 상좌에게는 맥을 못 추지만, 권세 있는 벼슬아치에게는 보란 듯이 이기는 것도 똑같은 이치다. 이것은 현실 세상을 거꾸로 뒤집어 놓은 모습인데, 이야기를 만든 백성들은 이렇게 해서 억눌린 마음을 열고 맺힌 한을 풀 수 있었다.

옛날에 옛날에, 어느 깊은 산골에 내외가 화전을 파먹고 살았어. 그런데 남편이 어찌나 색시를 좋아하는지, 잠시 떨어져 밭일을 나가도 그저 색시가 눈에 선해서 일이 돼야지. 그래서 일도 못 나가고 색시 옆에서 이렇게 얼굴만 쳐다보고 살아. 그러다 보니 밥도 못 먹을 형편이 돼 버렸네. 아, 일을 해야 밥을 먹고 살지.

보다 못한 색시가,

"아 여보, 일은 안 하고 밤낮 나만 지키고 살 작정이오?"

하니까, 남편이 하는 말이,

"당신 모습이 눈에 선해서 떨어져 있어 가지고는 일을 못 하니 어떡하나."

하거든. 색시가 좋은 수를 하나 냈지.

"그럼 나와 똑같은 그림을 두 장 그려 줄 테니, 이쪽 밭머리에 하나 꽂아 놓고, 저쪽 밭머리에 하나 꽂아 놓고 일을 하시오. 그러면 밭을 매 나가도 보고, 매 들어와도 볼 게 아니오?"

남편이 그거 참 좋은 수다, 생각하고, 그림 두 장을 받아서 밭 모퉁이에다 떡 걸어 놓고 일을 했지. 하는데, 아 난데없는 회리바람이 씽 불더니 그놈의 그림 한 장이 휙 날아가 버렸네. 날아가서는, 이놈이 어딜 갔느냐면 임금 사는 대궐에까지 날아갔나 봐. 임금이 그림을 주워서 턱 보더니 당장 이런 사람을 찾아오라고 호령을 하거든. 그래서 신하들이 방방곡곡 그 색시를 찾는 거지. 찾다가 찾다가, 한군데 산속을 들어가서 보니까 그림하고 똑같은 색시가 있거든. 그래서 잡아가.

색시가 잡혀가면서 생각해 보니, 아 자기 남편이, 잠시도 못 떨어져 있는 사람이 얼마나 원통하겠어. 그래서 남편한테 가만히,

"어떻게든 참고 삼 년만 견디시오. 눈치 삼 년, 뛰엄 삼 년 배워서 날 찾아오시오."

하고는 하릴없이 잡혀갔네.

잡혀가서 이제 후궁이 되었는데, 이 색시가 도통 웃지를 않아. 두고 온 남편 생각에 웃음이 나오지를 않았던가 봐. 임금이 아무리 웃겨 보려고 해도 웃지를 않거든.

그럭저럭 삼 년이 지난 후에 이 색시가 임금한테 말하기를,

"나는 평생 소원이 하나 있습니다."

하거든.

"그래, 무슨 소원이냐?"

"거지 잔치를 한번 보면 소원이 없겠습니다."

"아, 그럼 그렇게 하지."

그래서 온 나라 거지를 불러다 잔치를 하는데, 색시는 몇 날 며칠 주렴을 늘이고 내다봐. 혹시 자기 남편이 왔나 하고. 그런데 아무리 봐도 남편이 안 와. 틀림없이 거지가 됐을 텐데 말이야. 화전이나 일구고 살았으니 옷이나 변변하겠어, 돈이 있겠어. 뭐 거지지.

그러다가 하루는 이렇게 내다보니까, 자기 남편이 거지꼴이 돼 가지고 찾아왔지 않겠어. 잔치라고 해서 음식 차려 놓은 것을 먹고 춤을 추며 노는데, 그걸 보니 어찌나 반가운지 저도 모르게 막 웃었어. 임금이 보니까, 평생 안 웃던 사람이 웃거든.

"뭘 보고 그렇게 웃는가?"

하고 물으니, 이 색시가,

"저기 춤추는 거지를 보고 웃습니다."

하거든. 임금이 자기가 아무리 웃겨 보려고 해도 안 웃던 색시가 웃으니까 아주 기분이 좋아.

"그럼 내가 저 옷을 입고 춤을 춰도 웃겠는가?"

"그렇겠지요."

그래서 임금이 남편더러 옷을 벗으라 해서 그걸 입고 춤을 추는데, 그때 이 색시가 자기 남편에게,

"눈치 삼 년, 뛰엄 삼 년은 뭣에 쓰려고 배웠소?"

하고 냅다 소리를 질렀어. 그러니까 남편이 얼른 말귀를 알아듣고, 임금이 벗어 놓은 옷을 입고 용상에 떡 올라가 앉아서,

"이제 거지들을 썩 내몰아라."

하고 호령을 했지. 임금도 거지 옷을 입었으니 거지지 뭐야. 그래서 쫓겨나고, 색시는 남편 만나서 잘 살더래.

쫓겨난 임금, 〈한국의 민담〉 받아 쓰기 → 다시 쓰기

이처럼 화전이나 파먹던 거지도 임금이 될 수 있는 것이 옛이야기다. 현실에서야 어림없는 일이지만, 그럴수록 이러한 뒤집기는 통쾌하고 즐겁다.

이야기 속 약한 사람은 바로 현실 속 백성들이다. 백성들이 약한 주인공과 함께 현실을 거꾸로 뒤집어 놓고 한바탕 즐거워하는 것은 차라리 눈물겨운 일이다.

어쨌든 약한 편이 힘센 편을 거뜬히 이겨 내는 데서 이야기의 맛은 더욱 살아난다. 이래서 아이들은 어른들보다 더 이야기를 좋아한다. 아이들이란 언제나 약한 편이지, 힘센 편이 될 수는 없기 때문이다.

옛이야기의 또 한 가지 성질은 서술이 단순하고 발랄하다는 것이다. 옛이야기는 자세한 장면 묘사나 지루한 상황 설명을 멀리한다. 시원스럽고 거리낌 없이 줄거리를 술술 풀어 나간다.

왜 그렇게 되었는지, 왜 하필 그때 그런 일이 일어났는지 구질구질하게 설명하지 않고 시원스럽게 넘어가 버리는 것이 옛이야기의 서술 방법이다. 죽었던 사람이 말 한마디에 다시 살아나도 까닭을 달지 않고, 이제까지 바보였던 사람이 몽둥이 한 대 맞고 나서 갑자기 똑똑한 사람이 되어도 구태여 변명을 하지 않는다. 이 때문에 옛이야기에는 합리성이 없다고 나무라는 사람도 있다. 그런데 바로 이것이 옛이야기의 참맛이다. 다음 두 가지 이야기 꼴을 견주어 보자.

> 1. (앞 줄임) 당시, 나라를 발칵 뒤집는 일이 있었는데, 뭐 때문에 그랬노 카마 중국에서 풀기 어려운 문제를 보냈는 기라. 그 문제는 크기도 색깔도 똑같은 말 두 마리를 보내, 어느 것이 어미고 어느 것이 새낀지를 맞혀 봐라 카는 문제였던 기라. (다음 줄임)

고려장의 폐지 기원, 《경북민담》 받아 쓰기→옮겨 쓰기

2. (앞 줄임) 이러던 어느 날이었다. 갑자기 북쪽 강 건너에 있는 큰 나라의 사신이 우리 나라에 왔다. 그 나라는 우리 나라의 힘이 커지는 것을 은근히 경계하고 있었는데, 기회만 있으면 여러 가지 트집을 잡았다. 그들은 자기들의 힘이 얼마나 강한가를 보이기 위하여 온갖 방법을 다 동원하고 있었다. 그러나 그때마다, 우리 나라는 슬기로운 방법으로 그 나라의 기를 꺾곤 하였다.

이번에 들이닥친 사신도 엉뚱한 말을 꺼내 조정을 술렁이게 했다. 그는 지혜 겨루기를 하자고 수작을 걸어 왔는데, 우리 나라로선 섣불리 거절할 수가 없었다. 어떤 함정이 기다리고 있는지 알 수 없었고, 나라의 체면도 말이 아니기 때문이었다.

사신은 똑같이 생긴 말 두 필을 가져왔다. 그리고는 거만스럽게 말했다.

"이 말은 어미 말과 새끼 말이오. 어느 말이 어미 말인지 구별해 보시오. 지금부터 열흘의 여유를 주겠소." (다음 줄임)

고려장 이야기, 〈옛 초등학교 읽기 교과서 5-2〉 다시 쓰기→옮겨 쓰기

2가 1보다 서술이 더 장황하다. 이야기에 합리성을 갖추어 주려는 노력 때문이다. 사건의 원인과 배경, 진행과 결과를 자세하게 설명하고 묘사하여 이야기의 합리성을 얻으려 하였다. 이것은 옛이야기를 글자로 옮기는 (다시 쓰거나 고쳐 쓰는) 과정에서 소설의 기법에 매달린 결과이다. 과연 이렇게 해서 이야기의 재미가 더해지는가? 오히려 긴장감이 떨어지고 맥이 풀리지는 않는가?

이치에 맞게 이야기를 꾸미다 보면 상상의 힘이 들어갈 자리가 없게 된

다. 자세한 설명 없이 줄거리가 성큼성큼 앞서 나가면, 나머지 세세한 부분을 채워 넣는 일은 듣는 사람 몫이 된다. 똑같은 이야기를 들으면서도 사람마다 서로 다른 재미와 감동을 느끼는 것이 이 때문이다.

따라서 옛이야기를 들려주는 사람은 자질구레한 곁가지 이야기나 상황 설명에 매달리지 않는다. 너무 허황하여 도저히 믿을 수 없는 이야기라도 거기에 까닭을 붙이지 않은 채 짐짓 정색을 하고 들려준다. 듣는 사람도 그것이 이치에 닿지 않은 줄을 뻔히 알지만 따지지 않고 듣는다. 그래서 재미있는 것이 옛이야기다.

옛이야기 글로 옮기기

두말할 것도 없이, 옛이야기의 본디 모습은 말로 전하는 것이다. 그러나 말은 하자마자 곧 사라지기 때문에 오래 남길 수는 없다. 그래서 이야기를 오래 남기려면 글로 적어 두어야 한다. 이렇게 글로 적을 때 나타나는 꼴을 다음과 같이 나눌 수 있다.

1. 받아 쓰기

이야기하는 사람 말을 그대로 받아 적은 것. 틀린 말이나 사투리도 고치지 않고 그대로 적은 것이다. 말뿐 아니라 손짓이나 몸짓, 표정, 듣는 사람 반응까지 놓치지 않고 적는다. 또 이야기꾼 이름과 주소는 물론이고 이야기한 때와 장소, 그때 분위기까지 참고가 될 만한 것이면 무엇이든 빠뜨리지 않고 적어 둔다. 사진 찍듯이 이야기를 그대로 잡아서 갈무리한 것이라 보면 된다.

2. 떠올려 쓰기

들은 이야기를 머릿속에 떠올려서 글로 나타낸 것. 이야기를 미처 받아 적지 못했을 때, 그 줄거리를 나중에 다시 떠올려서 쓴 것이라 보면 된다. 머릿속에 들어 있는 이야기를 그대로 글로 적은 꼴이므로 받아 쓰기와 비슷하지만, 아무래도 글을 쓰는 사람 생각이 많이 들어가게 된다. 어렸을 때 들은 이야기라면 이런 방법으로밖에 쓸 수 없을 것이다.

3. 다시 쓰기

이야기를 듣고 말투나 곁가지를 조금 손질해서 글로 쓴 것. 큰 줄거리는 손대지 않고 틀린 말을 바로잡는다든지 사투리를 표준말로 고친 정도이다. 본디 이야기가 너무 장황하면 조금 줄이기도 하고, 줄거리가 너무 단순하면 조금 길게 늘이거나 곁가지를 보태기도 한다. 그러나 이야기의 본디 모습은 다치지 않도록 쓴 것이다.

4. 고쳐 쓰기

줄거리를 군데군데 고쳐서 쓴 것. 이야기 줄거리 중에서 몇 부분을 빼거나 고치거나 더 집어넣어서 본디 모습과 다르게 된 것이다. 이렇게 이야기를 고칠 때는 아주 신중하게 해야 한다. 이야기에 들어 있는 중심 생각(주제)이 허물어지거나 뒤틀리지 않도록 해야 하고, 쓸데없는 묘사나 설명을 함부로 덧붙이지 말아야 한다. 고쳐 쓴 이야기는 본디 이야기와 같은 유형으로 보기 어렵다.

5. 새로 쓰기

이야깃거리나 분위기만 빌려서 전혀 새로운 이야기를 만들어 낸 것. 그러니까 이런 꼴의 이야기는 옛이야기라기보다 지은 이야기(창작동화)라고 봐야 한다. 그러나 겉모양이 옛이야기를 닮았기 때문에 함께 넣었다. 옛이야기를 함부로 새로 쓰지 말아야 함은 당연한 일이다. 다른 꼴의 이야기로는 도저히 생각을 나타내기 어려울 때만 써야 할 것이다.

이것을 알기 쉽게 그림으로 나타내면 다음과 같이 된다.

[그림 2] 글로 적은 옛이야기의 꼴

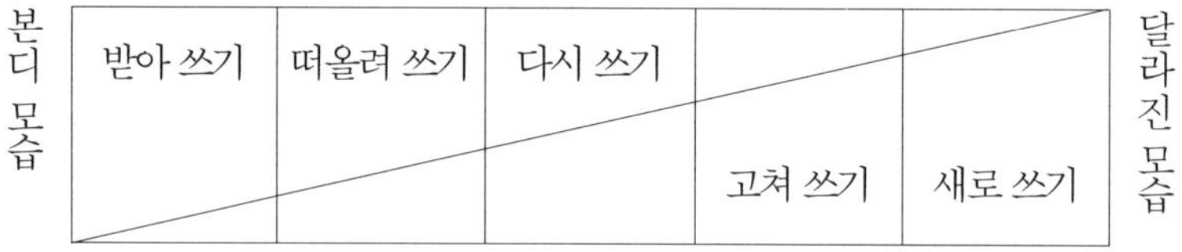

글로 적어 놓은 이야기는 어떤 꼴로 된 것이든 다시 말로 들려줄 수 있다. 말로 들려줄 때에는 줄거리를 익혀서 자기 말로 들려주어야지, 글로 적은 것을 그대로 읽거나 외어서는 이야기가 되지 않는다. 말로 전한 이야기의 본모습을 찾으려면 받아 쓴 것이나 떠올려 쓴 것을 읽는 것이 가장 좋다. 흔히 아이들더러 읽으라고 '옛날이야기'라든가 '전래동화'라는 이름으로 나오는 책은 거의 다시 쓰거나 고쳐 쓴 것이다. 받아 쓴 이야기는 보면 금방 알 수 있지만, 다시 쓴 이야기와 고쳐 쓴 이야기는 구별하기가 쉽지 않다. 들은 이야기나 받아 쓴 이야기와 견주어 보아야만 다시 쓴 것인지 고쳐 쓴 것인지 가려낼 수 있는 것이다. 여기 그 보기를 들어 보이겠다.

[표 1] 보물 맷돌 이야기의 여러 꼴

자료	1. 신묘한 맷돌	2. 바닷물이 짠 까닭	3. 소금을 내는 맷돌
나온 곳	조선족 민간 고사 (연변 민간문학연구회)	한국의 민담 (임동권)	옛날이야기 (ㅇ출판사)
글로 쓴 꼴	받아 쓰기	다시 쓰기	고쳐 쓰기
맷돌의 주인	가난한 총각 (동생)	가난한 만복이 (동생)	임금님
맷돌을 얻게 된 내력	형에게 쌀 얻으러 갔다가 돌아오는 길에 불쌍한 노인을 도와주고 얻음	형님 집에서 쌀을 얻어 오다가 죽어 가는 노인을 살려 주고 얻음	설명 없음
맷돌의 쓰임	가난한 사람을 모두 불러다 맷돌에서 나온 물건을 나누어 주어 다 잘 살게 됨	맷돌에서 나온 물건을 동네 사람에게 나누어 줌	설명 없음 (앞뒤 글줄기로 보아 임금이 혼자서 씀)
맷돌을 훔치는 사람과 그 과정	형(욕심 많은 부자)이 잠깐 빌리겠다고 속이고 가져감	이뚝쇠영감(욕심 많은 부자)이 탐이 나서 훔침	도둑이 대궐에 들어가서 훔침
바다로 가져가는 사연	형이 금은보화를 잔뜩 얻고서도 더 욕심을 내어 맷돌을 가지고 바다로 도망감	동네에서 쓰면 들킬까 봐 맷돌을 가지고 바다로 도망감	군사들에게 잡힐까 봐 바다로 도망감
끝맺음	바다에서 소금을 내다가 배와 함께 물에 빠짐 아직도 소금이 나오고 있음		

이야기가 길어서 전체를 다 보이지 못하고 줄거리를 간추려서 표를 만들어 견주어 보았다. 자세히 살펴보면 1과 2는 줄거리가 비슷하나, 3은 상당히 다르다는 것을 알 수 있다. 3과 같은 유형의 이야기가 있어서 이를 근거로 다시 쓴 것인지는 알 수 없으나, 1과 2를 기준으로 보면 이것은 고쳐 쓴 것이지 다시 쓴 이야기는 아니다. 1을 기준으로 보면 2는 곁가지가 조금 다른 점은 있으나 큰 줄기는 똑같이 되었다. 이런 것은 다시 쓴 이야기라고 할 수 있다.

다시 말하지만 옛이야기를 고쳐 쓰거나 새로 쓸 때는 반드시 그럴 만한 까닭이 있어야 한다. 그렇지 않고 글을 쓰는 사람 취향에 따라 줄거리를 마구 바꾸거나 새로 지어내거나 하는 것은 옛이야기를 너무 소홀히 다루는 일이다. 옛이야기에는 오랜 세월 동안 쌓이고 쌓인 우리 백성들 눈물과 웃음과 땀이 서려 있다는 것을 잊어서는 안 된다. 그걸 아는 사람이라면 옛이야기를 함부로 고치거나 마음대로 지어내는 일은 삼갈 것이다.

3장

옛이야기 되살리기

이야기를 손질할 때에는 주제와 성격을 잘 살펴서, 본디 모습이 너무 허물어지지 않게 해야 한다. 필요에 따라서 곁가지 이야기를 살짝 바꾸거나 보태거나 빼거나 할 수도 있고, 말투를 자기 좋을 대로 고쳐도 좋으나, 큰 줄거리는 다치지 않게 한다. 옛이야기는 들풀과도 같다. 마른 잎을 따 내거나 곁가지 한두 개 꺾어 내는 일이야 상관없지만 뿌리째 뽑아서 화분에 옮겨 심어서는 안 된다. 들에서 자란 것은 들에서 자라게 두어야 한다.

이야기 찾기

아이들에게 이야기를 들려주려면 먼저 이야기를 알아야 한다. 이야기를 많이 알려면, 무엇보다도 남의 이야기를 많이 듣는 것이 가장 좋은 방법이다. 이야기를 귀로 듣고 머리로 새겨서 입으로 전하는 것이 온전한 전승의 모습이기 때문이다. 다음 이야기를 보자.

옛날에 이야기를 아주 잘하는 사람하고, 이야기를 지지리도 못하는 사람이 살았거든. 이야기 못하는 사람은, 그저 어떡하면 나도 저 사람처럼 이야기를 한번 잘해 보나 하고 자나 깨나 그 궁리였지. 그런데 아무리 재미있는 이야기를 들어도 금방 잊어버려. 그러니 대체 이야기를 할 수 있어야지.

어느 날, 두 사람이 산에 나무를 하러 갔어. 나무를 하다가 앉아서 쉬는데, 저쪽 숲속에서 꿩이 한 마리 슬금슬금 나타났단 말이야. 꿩이 슬금슬

금 기어 오는 꼴을 보고, 이야기 잘하는 사람이 혼잣말로,

"슬금슬금 기어 오는구나."

했겠지. 그러니까 이야기 못하는 사람이 그게 이야긴 줄 알고,

'옳지, 저 이야기를 잘 듣고 외워 둬야지.'

하고 자꾸 외웠어, 그 말을.

"슬금슬금 기어 오는구나."

"슬금슬금 기어 오는구나."

이렇게 한창 외우고 있는데, 이번에는 꿩이 가만히 서서 사방을 두리번두리번 살피거든. 이야기 잘하는 사람이 그걸 보고 또 혼잣소리로,

"두리번두리번 살피는구나."

했겠다. 이야기 못하는 사람이 또 외웠어. 그게 이야긴 줄 알고.

"두리번두리번 살피는구나."

"두리번두리번 살피는구나."

그런데 이번에는 꿩이 사람을 빤히 쳐다보거든. 그러니까 이야기 잘하는 사람이,

"조기조기 조 눈깔."

하거든. 또 외웠지. 이번에는 절대로 잊어 먹지 말아야지 하면서 열심히 외웠어.

"조기조기 조 눈깔."

"조기조기 조 눈깔."

이렇게 외우면서 나무를 다 해 가지고 집으로 왔어. 어찌나 부지런히 외웠던지 이번에는 하나도 안 잊어버렸어. 집에 와서 저녁을 먹고 식구들이 둘러앉았는데, 이 사람이 이야기를 한 자리 해 주마 하거든. 식구들

이 깜짝 놀랐지. 지금까지 한 번도 이야기를 제대로 한 적이 없었으니까. 그래서 이야기를 시작하는데, 아 그때 마침 도둑이 그 집에 들었어. 도둑이 들킬까 봐 슬금슬금 기어들어 오는데, 갑자기 방 안에서,

"슬금슬금 기어 오는구나."

이런단 말이야. 이야기 소리지. 그런데 도둑은 누가 자기를 보고 그러는 줄 알고 깜짝 놀라 사방을 두리번두리번 살폈겠다. 그런데 또 방 안에서,

"두리번두리번 살피는구나."

아, 이러거든. 도둑은 더 놀라서, 누가 방 안에서 내다보고 그러나 싶어서 문구멍으로 방을 빠끔 들여다봤겠지. 그때,

"조기조기 조 눈깔."

이러지 뭐야. 도둑은 그만 기겁을 하고 냅다 도망갔대. 이야기 못하는 사람이 이야기 한번 해 보다가 도둑 쫓았다는 이야기야. 하하하.

이야기 흉내 내다 도둑 쫓다, 들은 이야기, 떠올려 쓰기

이 이야기에서처럼 이야기는 귀로 듣고 머리로 새겨서 남에게 들려주는 것이다. 그런데 요즈음에는 이야기 듣기가 무척 어려워졌다. 일부러 이야기를 들으러 여기저기 찾아다니지 않고서는 잘 들을 수 없게 된 것이다. 그래서 손쉽게 이야기를 찾으려면 글로 적어 놓은 것을 읽는 수밖에 없다.

글로 적어 놓은 이야기는 말로 하는 이야기에 비해 생동감이 덜하지만, 여러 번 읽고 새길 수 있다는 장점도 있다. 글로 적은 이야기책은 책방에서 쉽게 구할 수 있는데, 대체로 다음과 같은 것들이 있다.

1. 받아 쓴 이야기 자료

이런 꼴로 된 것이 그 수가 가장 많다. 말로 하는 이야기를 녹음해서 그대로 받아 적어 놓았기 때문에 이야기꾼 말버릇, 듣는 이 반응, 손짓과 몸짓까지 잘 나타나 있다. 자료 끝에는 이야기를 들은 때와 곳, 이야기꾼 이름과 나이, 성별, 주소, 구연 경력뿐 아니라 이야기판 분위기까지 적어 놓은 것이 많아서 이야기 자료로는 물론 연구 자료로도 쓸 수 있다.

2. 다시 쓰거나 고쳐 쓴 이야기 자료

이런 것은 보통 '전래동화'라는 이름으로 많이 나와 있다. 아이들이 읽을 것을 염두에 두고 썼기 때문에 받아 쓴 것을 상당히 손질해서 읽기에 편하도록 되어 있다. 그러나 본디 이야기를 너무 제멋대로 고쳐 쓴 것, 서술이 장황하여 지루한 것도 있으니 잘 가려서 읽는 것이 좋겠다.

3. 옛 책에 나오는 이야기 자료

뜻밖에 좋은 이야기가 많이 있다. 기록문학 자료이지만 말로 전해 온 것을 글로 옮겨 놓은 것은 옛이야기에 들 수 있다. 지은이 생각이 많이 들어 있으므로 알맞게 손질해서 아이들에게 들려주는 슬기가 필요하다.

여러 책을 읽어서 이야기를 찾을 수도 있지만, 직접 이야기를 들어서 찾을 수도 있다. 일부러 이야기를 들으러 다니는 일은 매우 힘들고 번거로울 뿐 아니라 혼자서 하기에는 어려운 일이다. 그렇기 때문에 이야기를 듣고 모으는 일을 전문으로 하는 사람이 아니라면 섣불리 돌아다니기보다는 우연한 기회를 이용하는 것이 좋다. 예를 들어, 시골 친척 집에 다니러 갔을 때나 여행을 하면서, 또는 여럿이 모인 자리에서 자연스럽게 이야기판이 벌어지면 잘 들어 두었다가 나중에라도 적어 놓으면 훌륭한 이야깃거리가 될 수 있다. 이야기를 좋아하는 사람이라면 언제나 녹음기를 가지고 다니면서 재미있는 이야기가 나올 때마다 녹음해 둘 수도 있다. 그렇게 하면 이야기를 잊지 않고 잘 기록해 둘 수 있을 뿐 아니라 모아서 훌륭한 자료로 쓸 수도 있다.

좋은 이야기 고르기

이야기 자료를 얻으면 그중에서 좋은 이야기를 골라야 한다. 좋은 이야기란 어떤 것일까? 지금까지 사라지지 않고 전해 오는 옛이야기라면 그만큼 전승력이 있다는 뜻이니 다 값지다고 할 수 있다. 그렇지만 몇 가지 조심해야 할 점이 있다.

첫째, 전해 오는 옛이야기의 본모습이 잘 살아 있는 것을 고른다. 알다시피 옛이야기는 오랜 세월 동안 입에서 입으로 전해 오면서 저절로 그 모양이 조금씩 달라지게 마련이지만, 이 성질에만 매달려 옛이야기에 담긴 소중한 생각까지 비틀거나 허물어서는 안 된다. 옛이야기에 담긴 생각은 한두 사람이 머리로 짜내어 만든 것이 아니라 전승에 참여한 모든 백성들이 삶 속에서 합의한 것이므로 함부로 바꿀 것이 아니다. 이를테면 착한 일에 대한 믿음, 욕심을 버리고 절제하는 마음, 이웃과 어울려 살아가는 슬기 같은 건 세상이 열두 번 바뀌어도 버릴 수 없는 것이다.

둘째, 이야기 속에 들어 있는 생각이 백성다운 것인지를 살핀다. 전해 오는 옛이야기 대부분은 백성들 삶 속에서 자연스럽게 생긴 것이라 그 안에 담긴 생각도 온전히 백성들 것이다. 하지만 더러는 권세 있고 유식한 사람들이 백성들을 가르치려고 억지로 지어낸 이야기도 있다. 이런 이야기에는 케케묵은 유교 이념이 완고하게 자리 잡고 있는 경우가 많아서 아이들에게 짐이 되고 억압이 될 수 있다. 글로 적혀 전해 오는 이야기에 특히 이런 것이 많으니 조심할 일이다.

셋째, 소재가 아이들 마음을 다치게 하지 않는 이야기를 고른다. 옛이야기 가운데에는 어른들이 장난삼아 지어낸 우스개도 있고, 이런 이야기에는 아이들한테 들려주기 민망한 대목이 예사로 나오니 조심해야 한다. 또 강자 처지에서 약자를 끔찍하게 희생시키는 이야기나 까닭 없이 잔인한 대목이 마구 나오는 이야기도 조심스럽게 살펴 걸러 내거나 손질할 필요가 있다. 다만 선악을 뚜렷이 견주기 위해, 또는 나쁜 짓 한 사람을 벌주기 위해 쓰인 잔인해 뵈는 대목은 그냥 두는 편이 좋다.

넷째, 이야기 속에 바르지 못한 생각이나 치우친 생각이 은연중 녹아들어 있지는 않은지도 살펴본다. 옛이야기는 거의가 건강하고 바른 생각을 품고 있지만, 드물게는 옛날 유교 사회의 편견이나 선입견이 들어 있는 것도 있다. 하층민이나 약자를 비웃는 이야기, 장애를 우스갯거리로 삼는 이야기, 여성을 깔보거나 놀리는 이야기, 떳떳하지 못한 꾀로 상대를 속이는 이야기 같은 것이 다 그렇다. 다 같은 꾀라도 약자가 살기 위해 자신을 해치려는 강자를 속이는 것은 슬기이지만, 강자가 제 욕심을 채우려고 약자에게 쓰는 꾀는 속임수일 뿐이다.

다섯째, 교훈을 지나치게 앞세우느라고 줄거리의 재미가 빛바랜 것은 좋은 이야기라 하기 어렵다. 재미도 있고 교훈도 얻을 수 있는 이야기라면 더할 나위 없지만, 그중 하나를 버리라면 서슴없이 교훈을 버려야 한다. 재미를 포기하는 순간 이미 그것은 이야기로서 매력을 잃어버리기 때문이다. 재미뿐인 이야기는 실없는 이야기로 그치지만, 교훈만 앙상하게 남은 이야기는 잔소리나 다를 바 없다. 우리 옛이야기에는 재미와 깨우침이라는 두 축을 다 갖춘 이야기가 무척 많다.

옛이야기 속에 담긴 소중한 생각을 허물고 뒤틀어 놓은 보기를 하나 들어 보이겠다. 한때 초등학교 교과서에 실렸던 것으로 '임금님 귀는 당나귀 귀' 이야기가 있는데, 읽어 보면 다시 쓴 이가 본모습을 너무 비틀어 놓았다는 것을 알게 될 것이다. 1과 2는 받아 쓴 옛이야기를 바탕으로 다시 쓴 것이고, 3은 교과서에 실렸던 것이니 찬찬히 읽으며 서로 견주어 보기 바란다.

1. (앞 줄임) 마침내 임금님은 한 가지 점잖지 못한 꾀를 생각해 냈습니다. 사람을 시켜 이발사를 부르더니 그 이발사를 대궐의 뒤뜰에 있는 외딴 방에 감금하고 어떤 사람과도 접촉하지 못하게 했던 것입니다.

이 이발사는 임금님의 머리를 손질해 주는 일 이외에는 아무런 일도 하지 못하게 되었습니다. 밖에 나가 돌아다닐 수도 없었거니와 이야기할 상대도 없었습니다.

이렇듯 혼자서 고독하게 지내려니 걱정과 분노 때문에 생병을 앓게 되었습니다. 이발사가 자리에 누우니 임금님은 이발을 할 수가 없게 되었습니다. 임금님은 할 수 없이 그를 풀어 주었습니다. 그가 궁을 나가기 전에 임금님은 엄명을 내렸습니다.

"만약 네가 내 귀에 대한 이야기를 한마디라도 입 밖에 내면 구족을 멸할 것이다!"

(줄임) 그는 더 살지 못할 것이라 생각하고 도림사 뒤에 있는 대나무 숲

으로 가서 허리띠를 풀고는 큰 소리로 외쳤습니다.

"임금님 귀는 당나귀 귀다! 임금님 귀는 당나귀 귀다!"

그런 다음에 목을 매 죽고 말았습니다.

이때부터 바람만 불면 도림사 대나무 숲에서는 "스스스, 임금님 귀는 당나귀 귀다! 스스스, 임금님 귀는 당나귀 귀다!" 하는 소리가 들리게 되었습니다. 이 소식은 임금님의 귀에까지 들어가게 됐습니다.

임금님은 사람들을 보내 도림사 뒤쪽에 있는 대나무를 뿌리째 뽑아 버리라고 명했습니다. 그리고 거기에 동백나무를 심었습니다.

그러나 이 동백나무에서도 "싸그락 싸그락, 임금님 귀는 당나귀 귀다! 싸그락 싸그락, 임금님 귀는 당나귀 귀다!" 하는 소리가 났습니다. 임금님은 이 이야기를 듣더니 다시 사람을 보내 동백나무를 뿌리째 뽑아 버리라고 명했습니다.

이 일이 있은 얼마 후, 궁중에서는 성대한 연회가 벌어지게 되었습니다. 임금님과 조정에 있는 모든 문무백관이며 궁녀들도 한자리에 모였습니다.

연회의 첫 번째 순서는 수십 가지에 이르는 악기의 합주였습니다. 지휘하는 사람이 손을 흔들어 신호를 보내니, 오동나무로 만든 타악기며 현악기, 그리고 대나무로 만든 모든 악기에서는 일제히 "쿵작작 쿵작작, 임금님 귀는 당나귀 귀다! 쿵작작 쿵작작, 임금님 귀는 당나귀 귀다!" 하는 소리가 났습니다.

왕관을 깊숙이 눌러쓴 채 맨 앞에 앉아 있던 임금님은 이 소리에 놀란 나머지 벌렁 뒤로 나자빠지고 말았습니다. 바로 이때, 줄곧 충성을 다해 임금님의 귀를 가려 주고 있던 왕관이 벗겨져 오랫동안 잘도 감춰 왔던 당나귀 귀가 뭇 사람들에게 적나라하게 드러나게 되었습니다.

임금님은 보기 흉한 당나귀 귀를 더 이상 숨길 수 없게 되었습니다.

임금님 귀, 《조선족 민간고사 연변의 견우직녀》 다시 쓰기 → 옮겨 쓰기(맞춤법만 손질함)

2. (앞 줄임) 임금님은 이렇게 여러 가지로 생각한 끝에 임금님의 모자 만드는 영감을 불렀다.

"여보게! 자네가 내 부탁을 좀 들어주어야겠네."

"예에, 무슨 일인지요?"

"요즈음 내게 이상한 일이 생겼어."

"무슨 일인지요?"

"무슨 까닭인지 내 귀가 자꾸 커져서 이제는 주체할 수가 없단 말야!"

모자를 만드는 영감은 이 소리를 듣고 하마터면 크게 소리라도 지를 뻔했다. 임금님의 귀가 자라다니, 세상엔 참 희한한 일도 다 있다고 생각했다.

"임금의 몸으로 당나귀 같은 커다란 귀를 가지고 있다는 것을 백성들이나 신하들이 안다면 이것은 예사로운 일이 아니니, 이것을 감출 수 있는 큰 모자를 좀 만들어 주게나. 그리고 이 소문이 밖으로 나가면 절대로 안 되니, 이 일을 절대로 입 밖에 내지 말게. 만일 이런 소문이 사람들에게 알려지는 날이면 가만히 두지 않겠네."

하고 임금님은 엄숙하게 말했다.

(줄임) 영감은 두 손을 입에 대고 대숲을 향하여 소리쳤다.

"임금님 귀는 당나귀 귀다!"

영감은 이 말 한마디를 하고 나니 가슴이 후련해지는 것을 느꼈다. 지금까지 그처럼 가슴속을 답답하게 하고 괴롭게 하던 그 말! 영감은 마치 무거운 짐을 벗어 놓은 듯이 시원하기만 했다. 집으로 돌아오는 발걸음도 여간 후련하지 않았다. 영감은 겅중겅중 뛰어오면서,

"에이, 시원타, 에이 시원타!"

하고 중얼거렸다. 그런 뒤에 얼마 가지 않아 영감은 마침내 죽고 말았다.

그러나 그 대숲에서는 이상한 일이 생겼다. 바람이 불 때마다 대나무숲에서는 바람이 댓잎을 스치는 소리와 함께,

"임금님 귀는 당나귀 귀다!"

"임금님 귀는 당나귀 귀다!"

하는 소리가 들리었다.

(줄임) 임금님은 이 말을 듣자 몹시 불쾌하여,

"뭐라고? 그게 정말이라고? 그럼 그 대나무를 모두 베어라."

하고 말했다. 신하들은 임금님의 명령대로 대나무를 모두 베어 버렸다. 그런 뒤로 거기서는 다시 그런 소리가 나지 않았다.

그 뒤 그 자리에서 산초나무가 한 그루 자랐다. 그런데 이 산초나무에서 또 이상한 소리가 들렸다.

"임금님 귀는 당나귀 귀다!"

바람 소리 속에 지난날 들렸던 소리가 또 들리는 것이 아닌가?

임금님이 다시 이 소리를 듣고 산초나무를 베어 버리라고 말했지만, 이제는 모르는 사람이 한 사람도 없었다.

임금님 귀, 《한국민담선》 다시 쓰기→옮겨 쓰기(낱말만 약간 손질함)

3. (앞 줄임) 임금님은 머리를 빗겨 주고 관도 씌워 주는 신하를 얼른 불

렸습니다.

“어서 이 귀를 감추어서 아무도 모르게 하여라. 소문을 내서는 절대로 안 된다.”

신하는 임금님이 시키는 대로 하였습니다. 임금님의 귀가 당나귀 귀 같다는 말을 하고 싶어도 참고 또 참았습니다. 그러다가 그만 병이 났습니다.

‘속 시원하게 말 좀 하였으면…….’

신하는 더 이상 견딜 수가 없었습니다. 그래서 아무도 없는 대나무 숲으로 들어가, 큰 소리로 외쳤습니다.

“임금님 귀는 당나귀 귀.”

이렇게 외치고 나니까, 속이 후련해졌습니다. 병도 나았습니다.

그런데 이상한 일이 일어났습니다. 바람만 불면, 대나무 숲에서 “임금님 귀는 당나귀 귀” 하는 소리가 났습니다.

얼마 안 가서, 임금님의 귀가 당나귀 귀 같다는 소문이 나라 안에 널리 퍼졌습니다. 이 소문은 마침내 임금님의 귀에도 들어갔습니다. 화가 난 임금님은 대나무를 모조리 베어 버리라고 명령하였습니다.

“임금님 귀는 당나귀 귀.”

그러나 대나무를 베어 낸 자리에서는 여전히 이 소리가 났습니다.

임금님은 무척 괴로웠습니다. 병까지 났습니다. 훌륭한 의원도, 좋은 약도 다 소용이 없었습니다.

하루는 시골에서 농부 한 사람이 올라와서 임금님에게 말하였습니다.

“제 말을 들으시면, 임금님의 병은 틀림없이 나으실 것입니다.”

임금님은 어서 말해 보라고 하였습니다.

"임금님의 귀가 당나귀 귀같이 큰 것은 결코 흉이 아닙니다. 도리어 자랑스러운 일이니, 귀를 감추지 마십시오."

"왜 그런가?"

"백성을 무척 사랑하시기 때문에 임금님의 귀가 그렇게 커진 것입니다. 귀가 크면 백성들이 하는 말을 모두 귀담아들을 수 있지 않습니까?"

"그래, 그래. 네 말이 그럴듯하구나."

농부의 이야기를 듣고 난 임금님은 아주 기뻤습니다.

임금님은 감추었던 귀를 곧바로 내놓았습니다. 농부에게는 큰 상을 내렸습니다. 병도 씻은 듯이 나았습니다.

그 뒤, 임금님은 백성들의 말을 더욱 귀담아듣고, 나라를 잘 다스려서 훌륭한 임금님이 되었다고 합니다.

임금님 귀는 당나귀 귀, 〈옛 초등학교 읽기 교과서 2-1〉 고쳐 쓰기 → 옮겨 쓰기

이 이야기는 너무나도 잘 알려진 민간 이야기이기 때문에(《삼국유사》에도 실려 있다), 누구든지 교과서 글이 일부러 본모습을 바꾸어 놓은 글이라는 것을 쉽사리 알아차릴 수 있을 것이다. 무엇을 어떻게 바꾸어 놓았는지 다시 한번 자세하게 살펴보자.

[표 2] '임금님 귀는 당나귀 귀' 줄거리 견주기

자료	1. 임금님 귀	2. 임금님 귀	3. 임금님 귀는 당나귀 귀
비밀을 아는 사람	이발사	모자 만드는 영감	신하
임금의 처신 ①	이발사를 외딴 방에 가두고 나가지 못하게 함	소문을 내면 가만두지 않겠다고 위협함	소문을 내지 말라고 함
비밀을 아는 사람의 처신	갇혀 있다가 병이 나자 풀려나 대숲에서 소리치고 죽음	참지 못하여 대숲에서 소리치고 난 뒤 죽음	참다가 병이 나자 대숲에서 소리치고 난 뒤에 병이 나음
임금의 처신 ②	대나무에서 소리가 나자 대나무를 뿌리째 뽑아 버림	불쾌하여 대나무를 모두 베어 버림	화가 나서 대나무를 베어 버림
임금의 처신 ③	대나무를 뽑은 자리에 동백나무를 심었으나 또 소리를 내자 뽑아 버림	벤 자리에 산초나무가 자라면서 또 소리를 내자 베어 버림	괴로워서 병이 남 백성 말을 귀담아 들으라는 농부 말을 듣고 상을 준 뒤 감춘 귀를 스스로 내놓고 병도 나음
끝맺음	궁중 잔치에서 악기들이 모두 소리를 내자 놀라 자빠지면서 귀가 드러나 모두 알게 됨	소문이 퍼져서 모두가 알게 됨	백성 말을 더욱 귀담아듣는 훌륭한 임금이 됨
성격	풍자	풍자	송덕 (임금의 덕을 기림)

이 이야기에서 비밀을 아는 사람이 이발사인가, 모자 만드는 사람인가, 그냥 신하인가 하는 것은 중요하지 않다. 동백나무가 소리를 내었는가, 산초나무가 소리를 내었는가 하는 것도 별 문젯거리가 되지 않는다. 중요한 것은 이야기 속에 담긴 생각이다.

이 이야기는 무엇을 가르치려고 하는가? 두말할 나위도 없이 '힘으로 아무리 백성의 입과 귀를 막아도 언젠가는 진실이 밝혀지고야 만다'는 것이다. 이것이야말로 이 이야기의 생명과도 같은 주제이다. 그런데 교과서 글에서는 이 소중한 주제가 뒤바뀌어 버렸다. '백성을 사랑하는 임금의 깨달음'이라는, 전혀 엉뚱한 모습으로 변해 버린 것이다. 앞의 것은 그 주체가 백성들인데, 뒤의 것은 그 주체가 임금이다.

앞의 것은 백성의 입과 귀를 틀어막는 권력을 속 시원히 풍자하고 있는데, 뒤의 것은 깨달음을 얻은 권력을 떠받들고 있다. 이야기를 손질하기에 따라서 얼마나 그 성격이 달라질 수 있는가를 잘 보여 주는 예라고 할 수 있는데, 이런 경우는 아무래도 횡포에 가깝다고 해야 할 것 같다.

오랜 세월 동안 수많은 사람들 입과 귀를 통해 전해 와서 틀이 굳은 이야기를 이렇게 마음대로 바꾸어 버려도 되는 것인가? 더구나 소중한 주제를 허물고 뒤바꾸면서까지.

이래서 이야기를 고를 때는 세심한 주의를 기울여야 한다. 아이들이 읽으라고 써 놓은 전래동화에는 뜻밖에도 이야기의 본모습을 마구 흐트러뜨려 놓은 것이 많다. 이것을 잘 가려내는 일이 이야기를 사랑하는 사람들이 해야 할 일 중 하나다.

이야기 자료 손질하기

이야기 줄거리를 함부로 바꾸거나 허물어서는 안 되겠다는 것을 알았다. 그러면 어떤 이야기든지 받아 적어 놓은 그대로, 들은 그대로, 똑같이 흉내 내듯이 해야 옳은가? 그렇지는 않다. 옛이야기는 구연하는 사람에 따라서, 그때 기분에 따라서, 듣는 사람에 따라서, 때에 따라서, 장소에 따라서 얼마든지 달라질 수 있다. 다만 달라져도 좋을 것과 달라져서는 안 될 것을 구별해야 한다.

먼저 달라져서는 안 될 것을 살펴본다. 앞에서 살펴본 바와 같이, 가장 중요한 것이 옛이야기에 담긴 옛사람들 생각이다. 착한 일 하면 복 받는다, 어려운 일이 있어도 꾹 참고 견디면 행운이 온다, 욕심 부리면 반드시 화가 미친다, 목숨은 아무리 작은 것이라도 귀히 여겨야 한다……. 이런 생각은 어느 옛이야기에나 두루 들어 있는 것이고, 남을 가르치려고 억지로 만든 것이 아니라 삶 속에서 저절로 깨친 귀한 생각이다. 그러므로 이런 주제를 허물거나 뒤집어서는 안 된다.

또 줄거리가 이미 굳어져 튼튼한 틀을 이루고 있는 것도 함부로 손대지 말 일이다. 옛이야기는 전해 오는 과정에서 자연스럽게 다듬어지는데, 이때 줄거리도 재미와 공감을 크게 얻을 수 있는 쪽으로 틀을 잡는다. 이것을 취향에 따라 마구 가위질하는 것은 바람직하지 않다. 약자 편들기, 권세와 힘에 대한 풍자, 인습과 도덕의 굴레에 얽매이지 않기, 행복한 마무리 같은 것도 옛이야기에 두루 보이는 틀인 만큼 까닭 없이 걷어 내지 말아야 한다.

이번에는 달라져도 좋을 것을 살펴본다. 옛이야기에 각편이 많이 생기는 까닭은, 듣고 기억했다가 전하는 과정에서 변형이 일어나기 때문이다. 이

변형은 대체로 곁가지 화소가 빠지거나 보태지거나 바뀜으로써 일어난다. 따라서 이야기에 담긴 생각이나 큰 줄거리는 다치지 않는 것이 보통이다. 옛이야기는 어느 것이나 마치 염주 알처럼 화소 단위로 엮여 있어서, 그중 한두 화소가 빠지거나 보태지거나 바뀌어도 큰 흐름에는 지장이 없다. 이런 것은 얼마든지 달라져도 좋다.

또 이야기 속에 나오는 배경이나 사물도 상황에 따라 얼마든지 바뀔 수 있다. 능숙한 이야기꾼이라면 듣는 이 나이나 이해 정도에 맞춰 그런 것을 일부러 알맞게 바꿔서 들려주려 할 것이다. 사람마다 다른 말투라든가 개성 있는 이야기 버릇은 다를수록 좋고, 이야기 분위기 또한 듣는 사람이나 때와 장소에 따라 달라지는 것이 당연하다. 이야기를 더 재미있게 만들려고 보태는 아기자기한 서술이나 양념처럼 들어가는 군소리도 언제나 같을 수는 없다.

이야기를 잘하려면 찾고 고른 이야기 자료를 알맞게 손질할 필요가 있다. 이야기를 손질할 때에는 내용을 바꾸거나 보태거나 빼거나 해서 줄거리를 약간 고치기도 하고, 말투를 자기 편한 대로 고치기도 한다. 손질한 것을 구태여 종이에 적어서 욀 필요는 없지만 이해를 돕기 위해서 몇 가지 보기를 들어 본다.

옛날에 효자로서 지극한 효성을 가지고 있는 성격인데, 자기 아버지가 아퍼서 백약이 무효여.

그래서 들으니, 산삼을 먹으면은 효과를 본다구 해서, 그 아들이 산이란 산은 다 다녔어. 몇 날 며칠이 됐던지 몇 달 며칠이 됐던지 다니는디, 무엇이 이상스럽게 하나 뵈는디, 캐고 싶으더랴. 뭣인지도 몰르지 허긴.

뭐 산심인지 동삼인지도 모르구 캐긴 캤는디, 캐 가지고 집으루 왔어.

자기 아버지를 살릴 거인디, 거 뭣인지 몰라서 옆집의 노인들, 노인들한테 물었어.

“이게 뭣이어요? 아버지 드릴려구 캤는디, 이게 뭣인지 모르겠어요.”

“야, 그거 못 쓰는 거니 거기다 내비 둬라.”

그래 거기다 내비 두고 갔어.

갔는디, 그 영감은 그걸 삶아 먹었어. 삶아 먹었는디, 그 영감은 눈이 멀었어요. 눈이 멀구, 자기 아버지는 아주 회색(회복)이 되었어. 그런 얘기두 있어.

그래, 욕심을 부릴 것 같으면 못쓴다구. 하늘이 내려서 좋은 약이나 갖다가 삶아 주라구 한 것인디, 그 사람은 눈이 멀었으니, 산 병신 아녀 그거.

효자와 산삼, 〈한국의 민담〉 받아 쓰기 → 옮겨 쓰기

이 이야기를 구연한 사람은 일흔 살이 넘은 할아버지인데, 그리 유창한 이야기꾼은 아닌 듯이 보인다. 그러나 이야기 줄거리를 짜임새 있게 엮어 놓았고 군더더기가 없어서 전체가 아주 깔끔하다.

먼저 이야기 주제를 살펴보면, 이것은 효자 이야기지만 효도보다는 욕심을 부리면 안 된다는 쪽에 더 무게를 실었다. 이야기를 구연한 할아버지도 그 점을 분명히 했다. 이야기 흐름은 다음과 같다.

1. 아버지의 병에 산삼이 좋다는 말을 듣고 산삼을 찾아 나선다.
2. 고생 끝에 우연히 산삼을 캐지만, 그게 산삼인지 모른다.

3. 마을에 돌아와서 옆집 노인에게 물어보자, 노인은 못 쓰는 거라고 속이고 자기가 산삼을 차지한다.
4. 욕심쟁이 노인은 산삼을 먹고 눈이 멀고, 아버지는 병이 낫는다.

이야기 주제와 흐름을 다치지 않으면서 줄거리를 재미있게 바꾸고 보태어 보자. 먼저, 아버지 병이 낫는 대목이 좀 허전하다. '산삼을 먹은 영감은 눈이 멀고, 아버지는 병이 나았다'고 했는데, 아버지는 가만히 있다가 그냥 병이 나았다는 말이니 아무래도 좀 싱겁다. 아버지도 뭘 먹으면 좋겠는데. 산삼을 두 뿌리 캐는 걸로 하면 어떨까? 그중 하나는 진짜 산삼이고, 다른 하나는 도라지 뿌리라면 이야기가 재미있어지지 않을까? 욕심쟁이 영감은 큰 산삼을 먹고 눈이 멀고, 아버지는 작은 도라지 뿌리를 먹고 병이 나았다면 쓸 만한 이야기가 되겠다. 그리고 옆집 노인을 찾아가기보다는 길에서 만나는 걸로 하면 욕심 부리는 대목이 더 실감날 것 같다.

이렇게 해서 고친 이야기를 앞의 것과 견주어 보기 바란다.

옛날에 아버지와 아들이 살았어. 단둘이. 그런데 갑자기 아버지가 병이 났어. 좋다는 약은 다 써 보았지만 차도가 없었대. 어느 날, 용한 의원이 보고서는,

"이 병은 산삼을 달여 먹으면 낫는다."

이러거든. 그 소리를 들은 아들이 산삼을 구하려고 산이란 산은 다 다니는 거지. 몇 날 며칠이 됐는지 몇 달 며칠이 됐는지 산속을 헤매고 다니다 보니, 험한 바위틈에 산삼 비슷한 것이 눈에 띄는 거야. 아들은 눈이 번쩍 띄어서 그걸 캤어. 갓난아기 몸집만큼 큰 것을 캤지. 캐고 보니까, 그 옆

에 조그마한 게 또 보이거든. 그것도 캤어. 혹시나 약이 될까 하고. 그런데 그건 산삼이 아니고 도라지야.

그래 큰 산삼 한 뿌리하고 작은 도라지 한 뿌리를 캐 가지고 집으로 돌아오는데, 오다가 길에서 이웃집 영감을 만났대. 이 영감이 보니까, 아이기 몸집만 한 커다란 산삼을 캐 가지고 오거든.

'아이구, 내가 저걸 달여 먹으면 백 살도 더 살 텐데. 저걸 어떻게 속여서 빼앗을 수는 없을까?'

욕심이 생긴 영감이 아들에게 물었어.

"너 그게 뭔지 알고 캤느냐?"

"잘 모르지만 산삼 같아서 캤습니다."

"너, 그거 잘못 알았다. 큰 놈은 산삼이 아니고 독풀이다. 그러니 그것 이리 다오. 아무도 못 먹게 멀리 갖다 버려야겠다."

아들은 실망하고 큰 산삼을 영감에게 줬어. 영감은 얼씨구나 하고 그걸 가지고 집에 와서 달여 먹었지. 아 그런데 그걸 먹고 나니까 그만 눈이 멀어 버렸어. 욕심이 많다고 하늘이 벌을 준 거지.

아들은 산삼 대신 도라지를 가지고 와서 정성껏 달여서 아버지께 드렸더니, 글쎄 아버지 병이 씻은 듯이 나았대. 착하고 정성스러우면 도라지도 약이 되는 거지. 아들은 아버지 모시고 잘 살았대. 아마 어저께까지도 살았다지.

고쳐 놓은 것을 다시 한번 살펴보자. 본디 이야기보다 길이가 조금 더 길어졌다. 이것은 듣는 사람이 상황을 좀 더 잘 이해할 수 있도록 약간 설명을 더 보탠 결과이다. 또 두 군데를 바꾸었다. 산삼 캐는 대목과 영감을 만나는 대목이다. 그리고 군소리가 좀 들어갔다. "욕심이 많다고 하늘이 벌을 준 거지" "착하고 정성스러우면 도라지도 약이 되는 거지" 하는 대목은 없어도 좋을 말이지만, 듣는 이가 아이들이라는 것을 생각해서 집어넣었다. "아버지 모시고 잘 살았대. 아마 어저께까지도 살았다지" 하는 말은 순전히 재미있으라고 넣은 군소리다. 이런 군소리는 딱딱한 이야기를 기름지게 하는 효과가 있지만, 너무 많이 쓰면 이야기가 어수선해지니 조심할 일이다.

한 가지 더 보기를 들어 본다.

넷날에 형제레 있넌데, 형은 미욱쟁이[1]구 저그나[2]는 순직했다.

하루는 형이 저그나 눈에다 재를 뿌려서 쇠경이 되게 해 놓구 밥도 주디 않구 내쫓았다. 저그나는 할 수 없이 돌아다니멘 이 집 데 집서 밥을 얻어먹으멘 갸우갸우 살아 나갔다.

하루는 밤이 돼서 자갔다구 어드런 집에 들어갔넌데, 그 집은 도깨비 집이 돼서 도깨비들이 많이 모여 왔다. 도깨비들이 모여 와 개지구 저덜끼리 서루가락 넷말을 하구 있었다.

도깨비 한 놈이 나는 어떤 미욱한 형이 순직한 저그나 눈에다 재를 뿌리구 쇠경을 만들구 밥도 안 주구 내쫓은 걸 봤다구 말하느꺼니 다른 도깨비레 쇠경 된 눈에는 여기서 동켄으루 가문 버드나무가 있는데 그 가지 니파리를 따서 눈을 문지르면 도루 밝아진다구 했다. 다른 도깨비는 아무 데 동리서는 물이 발라서[3] 사람들이 단련을 받구 있는데[4] 거기 있는 큰 파우[5]를 들티면 물이 많이 나오는데 그걸 모르구 있다구 말했다.

1) 미련스럽고 욕심이 많은 사람 2) 아우 3) 모자라서 4) 고생을 하고 있는데 5) 바위

저그나는 도깨비들이 말하는 것을 다 듣구 날이 밝아지자 동켄으루 가서 버드나무 니파리를 뜯어서 눈을 문댔더니 눈이 밝아뎄다. 저그나는 물이 발르다는 동리에 가서 큰 파우를 들테서 물이 나오게 했다. 동네 사람들은 기뻐서 저그나한테 돈을 많이 줬다. 그래서 저그나는 잘 살게 됐다.

횡재한 사람, 〈한국구전설화〉 받아 쓰기 → 옮겨 쓰기

이 이야기는 일제강점기 평안북도 초산군에서 받아 적은 것이라고 하는데, 그 지방 사투리가 심하고 줄거리가 매우 단순하다. 이야기 흐름을 살펴보면 다음과 같다.

1. 미련한 형이 아우 눈에 재를 뿌려 눈이 멀게 하고 내쫓는다.
2. 쫓겨난 아우는 어느 집에 들어갔다가 도깨비 말을 엿듣게 된다.
3. 도깨비 말대로 동쪽에 있는 버드나무 잎을 눈에 문질렀더니 눈이 다시 밝아진다.
4. 또 도깨비 말대로 물이 모자라 고생하는 마을에 가서 큰 바위를 들치고 물이 나오게 해서 잘 살았다.

고생 끝에 뜻밖의 행운을 얻는다는, 전형의 틀을 가진 이야기다. 그리고 '권선징악'보다는 '뜻밖의 횡재'를 다룬 이야기다. 이런 이야기는 심각한 가르침을 주려고 하기보다는, 주인공의 횡재에 함께 기뻐하면서 즐기려고 만든 것이다. 말하자면 이야기 속 주인공이 뜻밖의 행운을 얻는 데서 대리만족을 느끼는 셈이다.

그러므로 이 이야기에서 미련한 형이 어떻게 되었는가는 그다지 중요하

지 않다. 다만 아우가 횡재하는 대목이 조금 밋밋해서 긴장감이 적다. 버드나무 이파리로 눈을 문질러 밝아지는 대목이 재미있으니, 그 대목을 좀더 아기자기하게 만들어 보자. 그렇게 해서 고친 이야기가 다음과 같다.

옛날에 형제가 살았는데, 형은 미련스럽고 아우는 착했단다. 하루는 형이 괜히 심술이 나서 아우 눈에다 재를 뿌려서 소경을 만들어 놓고, 밥도 안 주고 내쫓아 버렸대.

쫓겨난 아우는 이 집 저 집 돌아다니며 밥을 얻어먹는데, 하루는 날이 저물어 어떤 빈집에 들어갔어. 막 자려고 하는데, 밖에서 왁자지껄하니 떠드는 소리가 들리지 않겠어? 깜짝 놀라 다락에 올라가 몸을 숨기고 있는데, 가만히 들어 보니 이놈들이 죄다 도깨비들이야. 글쎄 도깨비 집에 들어온 거지.

도깨비들이 모여 앉아서 이런저런 이야기를 하는데, 도깨비 한 놈이 하는 말이,

"어떤 미련한 형이 아우 눈에다 재를 뿌려 소경을 만들어 놓고 밥도 안 주고 내쫓은 걸 봤네."

이러거든. 들어 보니 자기 이야기란 말이야. 다른 도깨비가 그 말을 듣고는,

"소경 된 눈에는 이 집 동쪽에 있는 버드나무 이파리를 따서 문지르면 도로 밝아지는데, 그걸 모르니 딱하지."

이러네. 또 한 도깨비는,

"저기 산 너머 동네는 가물어서 난리인데, 동네에 있는 큰 바위를 들치면 물이 많이 나오는 걸 모르고 저 고생일세."

이런단 말야. 아우는 그 말을 잘 새겨들었다가 날이 밝아지니까 더듬더듬 동쪽으로 가서 버드나무를 찾았지. 버들잎을 따서 눈에 대고 문지르니까 신통하게도 눈이 번쩍 뜨였어. 그길로 산 너머 동네에 가서 큰 바위를 들치니, 물이 콸콸 쏟아져 나오는 거야. 동네 사람들이 고맙다고 돈을 많이 주네.

그래 놓고, 아우는 버드나무 이파리를 많이 따다가 눈먼 사람들을 찾아다니며 막 고쳐 줬어. 갖다 문지르면 번쩍! 갖다 문지르면 번쩍! 장님들 눈 뜨는 소리가 여기서도 번쩍! 저기서도 번쩍! 온 세상 장님들이 다 눈을 떴지. 그런데 왜 아직도 장님이 있냐고? 너희들이 그 버드나무 한번 찾아 봐.

다시 한번 말하거니와 이야기를 손질할 때에는 주제와 성격을 잘 살펴서, 본디 모습이 너무 허물어지지 않게 해야 한다. 필요에 따라서 곁가지 이야기를 살짝 바꾸거나 보태거나 빼거나 할 수도 있고, 말투를 자기 좋을 대로 고쳐도 좋으나, 큰 줄거리는 다치지 않게 한다. 옛이야기는 들풀과도 같다. 마른 잎을 따 내거나 곁가지 한두 개 꺾어 내는 일이야 상관없지만 뿌리째 뽑아서 화분에 옮겨 심어서는 안 된다. 들에서 자란 것은 들에서 자라게 두어야 한다.

말 따로, 이야기 따로?

대구 지방에는 '따로국밥'이라는 것이 있다. 국밥이라는 것이 본디 국에다 밥을 말아 먹는 것인데, 이 틀을 깨고 국 따로 밥 따로 내준다고 해서 붙은 이름이다. 이것이 한동안 인기를 끌더니 이내 시들해졌다. 왜 그런가 하고 생각하다가 나름대로 한 가지 답을 얻었다. 국과 밥을 따로 내주어도 손님들은 십중팔구 밥을 국에 넣고 말아 먹는다. 그렇다면 공연히 상차림만 번거로울 뿐 국밥과 다를 것이 없다. 본디 한곳에 함께 있어야 할 것들을 억지로 따로 떼어 놓은 꼴이니 자연스럽지 못하다. 그러니 오래가지 못하는 것은 당연하다.

말과 이야기를 따로국밥에 견주는 것은 어색하지만, 말과 이야기도 한자리에 있어야 하는 것은 분명하다. 생각을 소리로 나타내는 것이 말이요, 말을 이어서 줄거리를 만든 것이 이야기다. 국과 밥은 차라리 따로 차려도 되지만, 말과 이야기는 따로 떼어 놓으면 정말로 '말이 안 된다.' 말할 때 쓰는 말과 이야기할 때 쓰는 말이 서로 다르다면 곧이들리는가? 그것은 마치 글월을 쓸 때 쓰는 글자와 글을 쓸 때 쓰는 글자가 다르다는 말과 같아서, 도저히 있을 수 없는 일처럼 보인다. 그런데 가만히 보면 그게 아니다.

사람들이 보통 때에 지껄이는 말을 들어 보면 아주 재미있다. 같은 말이라도 개성에 따라 다 다르고, 한 사람이 하는 말이라도 때에 따라 다르다. 말이라고 하는 것은 그때그때 느낌이 배어 있게 마련이어서 언제나 똑같은 투로 말한다는 것은 있을 수도 없다. 이것을 '살아 있는 말'이라고 해 두자.

그런데 이른바 동화를 구연하는 것을 들어 보면 언제나 말투가 똑같다. 정해진 틀에 맞추어 말하기 때문이다. 그러다 보니 재미있다는 느낌보다는 잔뜩 꾸며 말한다는 느낌이 앞선다. 어린아이들이 들으라고 이야기를 녹음해서 파는 것을 들어 보면, 그 말이 얼마나 틀에 박혀 있는지 금방 알 것이다. 이것은 '죽은 말'이다.

아이들에게 이야기를 들려주다 보면, 한번 했던 이야기를 또 들려주는 수가 있다. 한참 하다가 "아이고, 이거 전에 했던 이야기로군" 하고 그만두려 하면 아이들은 그래도 들려달라고 아우성을 친다. 줄거리를 뻔히 알면서도 말이다. 그러나 녹음기로 들려주는 이야기는 그렇지 않다. 두 번 다시 들으려 하지 않는다. 이야기라고 하는 것은 줄거리의 재미도 재미려니와 개성이 살아 있는 말투의 재미도 큰 몫을 하는 것이다. 녹음해서 팔고 있는, 이른바 구연 동화 말투를 보면 대체로 이렇다.

"자아, 이제 이 집은 내 집이니까 나 혼자 살겠다. 너는 어머님과 누이동생을 데리고 따로 나가 살아라."

어느 마을에 욕심 많은 형과 마음씨 착한 동생이 살고 있었어요.

아버지께서 돌아가시자, 형은 아버지께서 남기신 재산을 혼자서 모두 차지하였어요. 욕심 많은 형은 어머니와 어린 누이동생까지도 내쫓아 버렸어요.

내일은 추석인데 형의 집에서는 많은 사람들이 추석 준비를 하느라고 바쁘답니다. 떡도 만들고, 고기도 사들이고, 새 옷도 만들었어요.

그러나 동생은 오늘도 지게를 지고 나무를 하러 산으로 갔어요. 어머니와 동생을 굶지 않게 하기 위해서는 나무를 팔아 밥 지을 쌀을 사야 되기 때문이에요.

저녁때가 되었어요. 나무 한 짐을 다 해 놓은 동생은 바위에 걸터앉아 한숨을 쉬면서 말했어요.

"휴! 추석이 내일인데, 늙으신 어머님께 고기반찬도 못 해 드리니 어쩌면 좋을까?" (다음 줄임)

말하는 남생이, 〈구연동화전집 별초롱 꿈초롱〉 고쳐 쓰기 → 옮겨 쓰기

이와 같은 이야기말에는 개성이 없다. 이렇게 틀에 박힌 말투로 아이들에게 백번 이야기를 들려주어 봤자 창조의 힘을 기를 수 없다.

그런데 오늘날 이른바 구연동화의 대부분이 이런 꼴로 구연된다는 것은 누구나 잘 알 것이다. 이런 모양으로라도 이야기를 들려주는 것이 아주 안 들려주는 것보다는 낫겠지. 그러나 같은 값이면 '살아 있는 말'로 이야기를 들려주는 것이 더 좋지 않겠나. 평소에 하는 말과 이야기할 때 쓰는 말이 달라서는 '따로국밥'처럼 부자연스러움을 면치 못한다. 보통 때에는 "얘 좀 봐, 너 공부 안 하고 뭐 하니?" 하다가, 옛이야기를 할 때에는 금방 낯빛이 변하면서 "옛날, 옛날에…… 그렇고 그랬대요" 하면 어색하지 않은가. 어색할 뿐만 아니라 아이들에게 쓸데없는 편견을 심어 주게 마련이다. '아하, 이야기라고 하는 것은 보통 말하는 것과 달라야 하나 보다'라는 편견 말이다. 안 그래도 '삶 따로, 말 따로, 글 따로'의 나쁜 버릇에 물든 잘난 어른들 때문에 세 겹, 네 겹의 짐을 지고 있는 아이들에게 짐을 하나 더 안겨 주어서야 되겠는가.

생생한 이야기말

옛이야기는 꽃병에 꽂아 놓은 장미꽃이라기보다는 길섶에 피어난 들꽃이라 했다. 예쁘고 앙증맞다기보다 풋풋하고 소담스럽고 아기자기한 것이 옛이야기의 참모습이다. 따라서 이야기말도 구수하고 감칠맛 나는 것이 제격이다. 누구나 할 수 있고 누구나 듣고 즐기는 것이 옛이야기이므로, 이야기말도 유별나서는 안 된다. 일부러 야단스럽게 치장한 말이 아니라 삶 속에서 그냥 쓰는 말, 잘난 체하고 공연히 목에 힘주는 말이 아니라 스스럼없이 지껄이는 말, 이런 말이 살아 있는 이야기말이다. 다음 이야기말을 견주어 보자.

1. 그러니까 아들딸을 두고 인제 베를 짜러 갔거든. 베를 매 주러 갔거든. 옛날에 베 무녕[1] 짜구 베 짜는 그걸 매 주러 갔거든. 그러니깐 하루 품씩 하루 품삯 받아 가지구서 인제 먹구 사는데, 한 날은 그 쌈[2]네가 메물범벅을 쒀서 한 함박을 주드랴. 하나 주드랴. 가주가서 아이들 주라구. 그래 이놈의 메물범벅을 인제 이구선 오는데, 아 오다가 호랭이를 만났지.

"할멈, 할멈. 그 메물범벅 한 덩어리 주. 주만 안 잡아먹지." (다음 줄임)

해와 달이 된 오누이, 〈한국구비문학대계〉 받아 쓰기 → 옮겨 쓰기

2. 옛날에 옛날에 참 한 가정이 있는디, 하두 가난해서 남의 집에 베를 매러, 옛날에 참 질쌈[3]하는 시절이니께 베를 매러 먼 데로 베를 매러 갔는디, 아들딸더러, 아들딸 다섯 남매를 뒀는디, 걔덜 보구서,

"누가 와서 문 열어 달라구 허거든 절대루 문 열어 주지 말구, 엄마라 해도 손을 만져 보구서 문 열어 줘라."

그렇게 부탁을 허구서 갔는디, 그 집이서 참 쑥쑥팥단지를 해서 주는디, 집에 있는 자식들을 생각해서 쪼끔 싸서, 남겨서 쪼끔 싸서 치어 노니께 주인이 허는 말이,

"그거 다 잡수시라구. 있다 갈 때 한 동구리 드리마구."

1) 무명 2) 사람 3) 길쌈

그래서 인저 그늠을 먹구, 인저 캄캄헌디 베를 매는 것을 그치구 저녁을 얻어먹구 쑤쑤팥단지 한 동구리를 가지구서 참 산 고개길을 가는디, 참 호랭이가 나타나더니,

"쑤쑤팥단지 하나 주면 안 잡어먹지." (다음 줄임)

해와 달이 된 오누이, 《충청남도 민담》 받아 쓰기 → 옮겨 쓰기

3. 여러분, 아주 우애 좋은 오누이가 하늘에 올라가 해가 되고 달이 되었다는 옛날이야기를 들어 본 적 있나요?

아주 오래된 옛날이었나 봐요. 어떤 마을 산기슭에 외딴 오막살이가 있었어요. 그 집에는 홀어머니와 어리고 착한 오누이가 의좋게 살고 있었어요. 아버지는 아무 재산도 모아 놓지 못하고 젊어서 일찍 돌아가셨으므로 집이 몹시 가난했어요.

그렇기 때문에, 젊은 어머니는 여덟 살밖에 안 되는 두 남매를 집에 두고 날마다 이웃 동네에 다니면서 열심히 일을 해 주고, 조금 주는 품삯이나 음식을 받아 와 그것으로 겨우겨우 살아가고 있었어요.

어머니가 일을 나가시면서,

"얘들아, 여기는 외딴 산골이니 사나운 짐승들도 많단다. 집 잘 보고, 항상 둘이 같이 다녀야 한다. 알겠니?" (다음 줄임)

해와 달이 된 오누이, 《동화구연교실》 지경사 펴냄, 고쳐 쓰기 → 옮겨 쓰기

1과 2는 받아 적은 옛이야기고, 3은 이야기를 잘하는 방법을 가르친다고 쓴 책에서 따온 것이다. 1과 2는 이야기하는 사람 개성이 이야기 속에서 어떻게 드러나는지 잘 보여 준다. 3과 같은 말투에서 개성을 찾을 수 있는가?

공연히 예쁘게 치장한 말은 개성이 없기 때문에 곧 싫증난다. 싫증이 날 뿐 아니라 이런 틀에 박힌 말투를 여러 번 되풀이해서 듣는다는 것은 고역에 가깝다.

그러면 어떤 말이 살아 있는 이야기말인가?

첫째, 글말이 아니라 입말이다. 보기글 3에는 "아버지는…… 젊어서 일찍 돌아가셨으므로……" 하는 대목이 나오는데, 바로 이것이 글말투이다. 보통 사람들이 말을 주고받을 때에는 아무도 이런 말을 쓰지 않는다. 말할 때 쓰는 말과 글 쓸 때 쓰는 말이 다른 것도 잘못된 일이지만, 보통 때 지껄이는 말과 이야기할 때 쓰는 말이 다르다면 그것은 더욱 고약한 일이다. 살아가면서 주고받는 자연스러운 입말이 바로 살아 있는 이야기말이다.

둘째, 이야기꾼 개성이 드러나는 말이다. 틀에 박힌 말투에는 개성이라는 게 없다. 사람마다 얼굴 생김새가 다르듯이 말투와 말버릇도 다 다르다. 이것이 자연스럽게 그대로 드러나는 말이 이야기를 더욱 생기 있게 해 준다. 남의 말투를 흉내 내지 말고 일부러 요란하게 꾸미거나 다듬어 말하지 말아야 한다. 이야기를 좋아해서 이야기 속에 푹 빠져들면 저절로 자기만의 개성 있는 말투가 살아날 것이다.

셋째, 자연스럽고 아기자기한 끝말이다. 글을 쓸 때 끝말을 모조리 '-다'로 못 박아 버리듯, 이야기할 때에도 끝말을 모조리 '-다'나 '-요'로 틀에 맞추어 놓으면 이야기에 생기가 없다. 보기글 1과 2에는 '-거든' '-드래' '-라구' '-지'와 같이 끝말이 여러 가지 꼴로 나타나지만, 3에는 끝말이 모조리 '-요'로 되어 있다. 끝말을 여러 가지 꼴로 바꾸어 주는 것이 자연스럽고 아기자기한 느낌을 준다. 꼭 그런 느낌을 주어서가 아니라, 삶 속에서 우리가 지껄이는 말은 끝말이 때에 따라서 다 다르다. 이것을 그대로 쓰면 된다.

넷째, 높임말과 예사말 문제인데, 이것도 상식으로 쓰는 말투를 따르면 된다. 어른들에게 이야기할 때는 물론 높임말을 써야 하지만 아이들에게 구태여 높임말로 이야기할 필요는 없다. 말을 높여 주는 것이 아이들을 존중하는 일이라고 생각할지 모르나, 오히려 예사말로 이야기하는 것이 더 친근한 느낌을 줄 때가 많다. "옛날에 나무꾼이 살았어요" 보다는 "옛날에 나무꾼이 살았거든" 하는 편이 더 편안하고 친숙한 느낌을 준다. 다만 높임말을 써도 좋을 때가 있고 둘을 섞어서 써도 어색하게 들리지 않을 때가 있다. 다음 말투를 견주어 보기 바란다.

1. 옛날에, 저 깊은 산골에, 나무꾼이 살았거든. 이 나무꾼은 산에 가서 하루 종일 나무를 해다가, 장에 내다 팔아서 근근이 입에 풀칠이나 하고 살아갔대. 그러니 뭐 돈이 많이 있었겠어? 빈털터리지 뭐.

2. 옛날, 아주 먼 옛날이었어요. 어느 산골에 가난한 나무꾼이 살고 있었어요. 나무꾼은 산에서 나무를 해다 팔아서 어렵게 어렵게 살아가고 있었어요. 그러니 돈을 많이 가지고 있을 리 없었지요.

다섯째, 사투리 문제인데, 이야기꾼과 듣는 사람이 평소에 같은 사투리를 함께 쓰는 사이라면 사투리로 이야기해도 좋을 것이다. 사투리 중에는 표준말로 도저히 나타낼 수 없는 미묘한 뜻을 가진 낱말도 많은 만큼, 그런 것을 억지로 표준말로 고치면 오히려 말맛이 사라진다. 예컨대 경상도 사투리에 '매깔스럽다'는 말이 있는데, 쟁그랍도록 얄밉다는 이 말맛을 다른 말로는 도저히 나타내지 못한다. "아이고, 매깔시럽어라" 할 때의 말맛을

"아이고, 얄미워" 하는 말에 견줄 수 없다.

여섯째, 이야기 분위기에 따라 말의 높낮이, 세기, 빠르기가 달라지는 말이 살아 있는 말이다. 주인공 말을 그대로 옮길 때는 그 성격이 드러나게 흉내말로 한다. 변화가 많을수록 이야기에 생기가 도는 법이다.

> 아, 글쎄 (힘을 주어, 빠르게) 갑자기 호랑이 한 마리가 (잠깐 쉬었다가 말끝을 척 내리며) 터억 나와. 나와서는 하는 말이 (능청스럽게, 느릿느릿) "할망구, 할망구, 그 팥죽 한 그릇 주면 (더 느릿느릿) 안 잡아먹지" 이러거든.

이렇게 말소리를 빠르게, 느리게, 세게, 약하게, 높이고 낮추면서 하는 이야기는 흥겹고 재미있다. 이런 것이 살아 있는 이야기말이다.

자, 이제 이야기를 해 보자. 이야기를 할 때, 이야기꾼은 무엇보다도 먼저 이야기 속에 푹 빠져서 제멋에 겨워야 한다. 그래야 이야기에 생기가 돈다.

이야기 들려주기(구연)는 이야기 읽어 주기(낭독)나 외어 말하기(암송)와는 아주 다르다. 어떻게 다른가? 읽어 주기는 순전히 목소리로 모든 것을 나타낸다. 외어 말하기도 읽은 것을 왼다는 점에서 읽어 주기와 별로 다를 바 없다. 그런데 들려주기는 목소리뿐 아니라 얼굴 표정, 몸짓과 손짓까지 곁들이므로 표현 방법이 매우 다양하고 풍부하다. 흔히 이야기를 녹음 테이프에 담아서 들려주는 것을 '구연'한다고 하는데, 엄격하게 말하면 이것은 구연이 아니다. 낭독이라고 하는 편이 옳겠다.

또 들려주기는 이야기를 만들어 내는 것이다. 여기서 만들어 낸다는 말은 줄거리를 꾸며 낸다는 뜻이 아니라, 이야기에 생명을 불어넣는다는 뜻이다. 다시 말하면, 구연은 단순히 '남의 이야기를 듣고 전달하는 것'이 아니라, '자기 이야기를 들려주는 것'이다. 그런 눈으로 보면 이야기꾼은 이야기를 전달하는 사람이 아니라 이야기를 창조하는 사람이 된다. 똑같은 유형의 이야기라도 사람에 따라서 다 다르게 한다는 점을 생각해 보면 이것이 더욱 분명해진다. 이야기꾼은 들은 이야기(또는 읽은 이야기)를 충분히 새긴 다음 자기 것으로 만들어서 자기 방식대로 들려주는 것이지, 결코 남의 이야기를 앵무새처럼 흉내 내는 것이 아니다. 따라서 원고를 달달 외어서 말하는 것도 엄격하게 말하면 구연이 아니다.

이야기를 좋아해서 그 속에 푹 빠져들 때에야 이야기가 자기 것이 된다. 이야기 속 장면이 머릿속에 생생하게 떠올라야 하고 주인공이 바로 옆에 있는 것처럼 느껴져야 한다. 그래서 구연자가 먼저 흥에 겨워야 듣는 사람도 따라서 흥이 오른다. 다시 말하거니와, 모름지기 이야기꾼은 이야기 속 세상에 푹 빠져들어야 한다.

> (앞 줄임) 그래 가만히 있은개 날이 새어. 날이 새닌개 과부가 나와. 그 방에서 나왔는디, 얼른 뛰어들어가서 과부가 깔아 놓은 이불하고 베개에 떡 드러누워서 드르렁 드르렁 골고 자. (좌중 웃음) 아 각씨는 나와서 자는 머슴을 깨와서 논 몇 마지기 아무 데 얼매 가 들여라 다 시키고, 인제 밥들 허는 것을 보고 인제 들어와. 들어와 보니, 웬 남자 하나가 저 자는 자리에서 다리를 쭉 뻗고 누웠으니 어떻게 될 거여, 그 일이?
>
> 깜짝 놀래 갖고는 문지방을 잡고, 가도 못하고 나가도 못하고 들어오도 못하고 우두커니 장승이 되어 버렸어. (웃음) 장승이 됐다가, 이거 할

수 없다, 그러자 세수물을 떠 온개, "어, 내가 세수하지" 함서 나갔어. 천연스럽게 씻고는 들어온개 수건이 걸렸거든. 싹싹 닦고는 가만히 앉았다!

(작은 소리로) "야야, 언제 샌님 모셨어?"

즈그꺼정[1] 종년들이, "언제 샌님 얻었어. 소리 소문 없이."

그러는디 점상[2]을 해 왔어. 아적밥을. 밥을 인제 점상을 해 갖고 왔는디 밥 먹으라고 할 것도 없고 저 혼자 응, 받아 놓고는, 저 혼자 그걸 다 먹었어. 그날 저녁밥도 굶었은개 때려넘겼지.

(줄임) '아 저것을 쫓아내자니 남부끄럽고, (웃음) 어떻게 쌈을 할 수도 없는 일이고…….'

여자가 속으로 재판을 한다. 인제, 어찌 하오리꼬 싶어서, 이것 꿈에도 못 본 남자가 와서 이러니, (소리를 높여서) 어떻게 될 거여? 그래서 가만히 이러고 앉았은개 저녁밥을 상을 내가. 그 종년들은,

"마님, 왜 진지 안 잡수요?"

허고 씨부렁거려 쌓아도, 아 씨부렁거려 쌓아도 밥도 안 먹고, 가만히 아무 소리도 안 하고 앉았다가 할 수 없어, 인제 밤이 되고 불을 써[3] 놓고 물었어.

"대관절 당신이 어디서 왔소?"

여자가 물었거든. (침묵)

그래 그만 내우간을 삼고, 남자도 딸린 거 없고 여자도 딸린 거 없고, 그래 맞둘이 됐단 말이여. 딸린 자식이 없고, 그래 맞둘이 내우간 삼아 갖

1) 저희들끼리 2) 겸상 3) 켜

고, 그 농작에 그 재물에 쥐락펴락하고 이렇게, 시방까지 끄트머리가 있디야.

잘 살아서 어저께까지 살았디야. (좌중 웃음)

부자 과부의 내외가 되다, 《전북민담》 받아 쓰기 → 옮겨 쓰기

이 이야기는 연세가 여든이나 되신 할머니가 구연한 것이다. 글로 받아 적어 놓은 것만 읽어 보아도 어찌나 재미있는지, 이야기 속 장면이 눈앞에 선하게 떠오른다. 홀아비가 과부네 집에 다짜고짜 들어가서 주인 행세를 하는 대목이 특히 실감나는데, 이것은 구연자가 그 대목을 특히 신바람나게 구연했기 때문이다. 이렇듯 이야기꾼은 먼저 이야기 속에 푹 파묻혀야 재미있게 이야기를 할 수 있다. 다시 한번 말하지만, 이야기는 들은 대로 (읽은 대로) 외어서 전달하는 게 아니라, 이야기꾼이 만들어 내는 것이다.

4장

옛이야기 재미있게 들려주기

실제로 이야기판을 벌일 때 이야기꾼은 좀 더 편안한 마음을 가져야 한다. 이야기를 잘해야겠다는 부담감과 실수하면 어쩌나 하는 걱정에서 벗어나 놀이하듯 즐겁게 이야기를 하는 것이다. 이야기판은 듣는 이와 이야기꾼이 다 같이 즐거워야지, 어느 한 쪽이라도 불편해서는 안 된다.

소리내기

이야기를 할 때 부드럽고 성량이 풍부한 목소리는 깊은 감명을 준다. 그렇지만 목소리는 타고나는 것이기 때문에 억지로 연습해서 고칠 수도 없고 그럴 필요도 없다. 다만 될 수 있는 대로 잘 알아듣기 쉬운 소리를 내려고 애쓸 필요는 있다.

이야기는 무엇보다도 남이 잘 알아들어야 하기 때문에 발음을 분명하게 해야 한다. 입 모양을 분명히 하는 것은 정확한 발음을 하는 데에 아주 중요하다. 특히 홀소리 발음은 분명해야 뜻이 잘 전달되기 때문에, 홀소리 삼각그림을 보고 소리 나는 자리와 입을 벌리는 정도를 알아 두는 것이 좋다. 또한 똑똑 끊어서 한 자 한 자 분명히 발음하는 버릇을 가져야 한다.

[그림 3] 홀소리 삼각그림

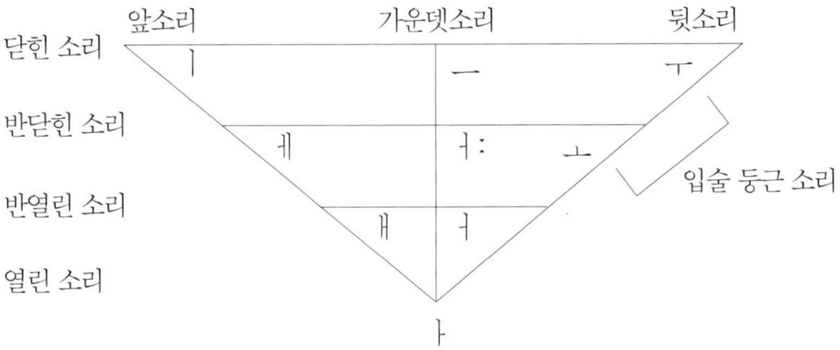

소리 내기가 까다로운 낱말과 글월을 되풀이해 읽고 말하는 연습을 하면 발음을 분명하게 하는 데에 도움이 된다. 다음에 적은 글을 읽어 보자. 처음에는 천천히 한 자 한 자 끊어서 읽고, 차차 이어서 빨리 읽어 보자.

1. 효고 교장 홍교장, 관광과장 강과장
2. 중앙청 창살은 쌍창살, 경찰청 창살은 외창살
3. 뜰에 콩깍지, 깐 콩깍지인가, 안 깐 콩깍지인가.
4. 일곱 새 삼베 새 베갯잇
5. 쇠돈 궤짝 새 궤짝, 외줄 횃대 헌 횃대

이야기책을 소리 내어 자꾸 읽어 보는 것도 바른 소리를 내는 데에 도움을 준다. 다음에 적은 글을 소리 내어 읽어 보자. 입 모양을 분명하게 해서 여러 번 되풀이해 읽어 보자.

옛날, 어떤 마을에 코흘리개와 눈첩첩이와 머리헌데쟁이가 살았거든. 코흘리개는 그저 틈만 나면 소맷자락으로 코를 쓱쓱 닦고, 눈첩첩이는 그저 틈만 나면 손으로 눈에 앉은 파리를 휘휘 날리면서 눈을 비비고, 머리헌데쟁이는 그저 틈만 나면 머리를 벅벅 긁었단 말씀이야.

그런데 하루는 이 셋이서 떡을 한 그릇 얻어 놓고, 누구든지 코 닦기, 눈 비비기, 머리 긁기 안 하고 오래 참는 사람이 떡을 먹기로 했어. 그리고서 꾹 참고 있었는데, 먼저 머리헌데쟁이가 가려워서 참을 수가 있어야지. 그래서 꾀를 낸다고 낸 것이,

"내가 저 뒷산에서 노루를 봤는데, 그놈의 노루, 뿔이 여기 돋고, 여기 돋고, 또 여기도 돋고……."

하면서 머리 가려운 데를 찾아서 손으로 탁탁 쳤어. 그러니 시원하지.

코흘리개가 그걸 보고,

"그때 내가 총이 있었으면 이렇게 탕탕 쏘아 잡을걸."

하고 총 쏘는 시늉을 하면서 소매로 코를 쓱쓱 문질렀어.

눈첩첩이가 두 사람이 하는 꼴을 보고서는,

"아, 아니, 그렇게 하면 안 돼! 안 돼!"

하면서 손을 내저어 파리를 쫓으면서 눈을 비볐다고 하는 이야기야.

떡 먹기와 오래 참기, 〈한국구전설화〉 받아 쓰기 → 다시 쓰기

드러내기

이야기 중에 나오는 흉내말과 마주이야기(대화)는 바탕이 되는 이야기(지문)와 다르게 소리 내야 실감이 난다. 바탕이 되는 이야기는 차분하게

술술 구연하면 되지만, 흉내말과 마주이야기는 탁 튀어나오듯이 좀 크게 말해야 재미있다. 이렇게 말소리를 좀 유별나게 내는 것을 '드러내기(돌출)'라고 이름 붙여 본다. 평평한 땅에 바위 같은 것이 불쑥불쑥 튀어나온 모양에 견준 것이다. 드러내기는 이야기를 실감나게 할 뿐 아니라 긴장감을 더해 주기도 하므로 음식에 견주면 소금과도 같은 것이다. 소금을 치지 않은 음식이 싱겁듯이, 드러내기가 없는 이야기는 밋밋하다.

흉내말은 소리의 높낮이와 세기에 변화를 많이 주어서, 조금 과장되게 나타낸다. 소리 흉내말(의성어)은 실제 소리에 가깝게, 모양 흉내말(의태어)은 분위기에 맞게 드러낸다. 몇 가지 보기를 들어 보자.

1. 호랑이란 놈이 턱 나타나서 : '터어억' 하고 길게 소리를 빼면서 끝을 낮춘다.
2. 그때, 고양이가 '야옹' 하고 울면서 : '이야우웅' 하고 높은 소리
3. 눈이 번쩍 띄어서 : '버언' 하고 숨을 멈췄다가 힘을 주어 '쩍'
4. 가만히 들어 보니까, '바스락바스락' 하고 : 속삭이듯이 재빨리 '바스락' 하고 잠시 쉬었다가 또 한 번

마주이야기는 목소리를 꾸며서 실제로 말하듯이 드러내야 한다. 말하는 사람 성별, 나이, 성격 같은 것이 말소리에 다 담겨 있어야 이야기가 재미있고 실감이 나기 때문이다. 능숙한 이야기꾼일수록 흉내를 잘 내는 법이다. 다음 이야기글을 여러 번 소리내어 읽으면서 마주이야기에 실감을 주어 보자.

웬 사람이 병이 들어 앓고 있는데, 밖에서 누가 불러.

"여보시오. 어서 나오시오."

그래서 나가 보니까 검정 두루마기를 입은 사람이 터억 서서,

"자, 빨리 갑시다."

하고 재촉하거든. 영문도 모르고 따라갔대. 가자고 하는데 안 따라갈 수 없더래. 한참 가니까, 아 정말 저승이라는 데를 간 모양이지. 대문 열고, 중문 열고, 한참 들어가니까 염라대왕이 점잖게 떠억 앉아 있어.

"네가 박영래냐?"

"아니오. 저는 박경래입니다."

"뭐야? 경래야?"

염라대왕이 장부를 이리 뒤척 저리 뒤척 읽어 보더니, 벽력같이 소리를 질러.

"아 이놈들, 박영래를 잡아오랬더니 박경래를 잡아왔구나. 바보 같은 놈들!"

검정 두루마기 입은 저승사자가 겁을 먹고 벌벌 떨어.

"아이고, 대왕님. 잘못했습니다요. 당장 이 사람을 돌려보내고 박영래를 잡아오겠습니다요."

"이놈, 빨리 가거라. 이 사람은 여덟 달 후에 들어올 사람이다."

저승사자가 벌벌 떨면서 이 사람을 데리고 나와. 데리고 나와서는,

"아이고, 이거 미안하게 됐소이다."

하면서 빗자루를 하나 주더래.

"올 때 생긴 발자국을 이 빗자루로 쓸면서 가시오. 나는 박영래 잡으러 빨리 가야 되니까, 여덟 달 후에 봅시다."

이러고 휭 사라져. 그래서 빗자루를 받아 가지고 이렇게 이렇게 쓸면서 왔는데, 아 집에 와 보니까 깨어난 거지. 깨어나 보니까, 식구들이 초상 났다고 울고불고 야단이야.

"아이고, 아이고, 아버지."

"아이고, 아이고, 여보."

그러다가 이 사람이 벌떡 일어나니까 모두 놀라서 뒤로 벌렁 나자빠졌어. 이 사람이 병이 나아서 살다가 여덟 달 후에 죽었대. 이 사람이 깨어나던 날, 이웃 동네에 박영래라는 사람이 죽었다지.

저승에 갔다 온 사람, 〈한국의 민담〉 받아 쓰기 → 다시 쓰기

끊어 말하기

이야기말이 밑도 끝도 없이 주욱 이어지면 듣기에 거북하다. 이야기를 할 때는 될 수 있는 대로 장황한 묘사나 설명 없이 줄거리를 따라 성큼성큼 나아가야 긴장이 풀어지지 않는데, 이때 설명하지 않은 부분에는 듣는 사람의 상상이 자연스럽게 끼어들게 된다.

다시 말하면, 이야기를 듣는 사람은 끊임없이 '왜 그렇게 되었을까?' '어떻게 생겼을까?' '무슨 일이 있었을까?' 하는 의심을 품고, 자기 스스로 '아마 그럴 거야' 하는 해답을 찾아내게 되는 것이다. 이런 부분까지 자세하게 설명을 해 주면 이야기가 느슨하고 긴장이 풀어지기 때문에, 이야기꾼은 될 수 있는 대로 세세한 설명에 매달리지 않으려 한다. 이럴 때, 말마저 끊임없이 이어지면 듣는 사람이 피곤해진다. 줄거리를 새기랴, 미심쩍은 곳을 상상으로 메우랴 바빠지기 때문이다. 그래서 이야기꾼은 말을 알

맞게 끊어서 군데군데 쉬어 주어야 한다.

또 말은 또박또박 끊어서 천천히 해야 뜻이 잘 전달된다. 이렇게 말을 알맞게 끊고, 군데군데 쉬는 것을 통틀어 '끊어 말하기(호흡)'라 해 두자. 끊어 말하기는 이야기를 더 분명하게 전달하기 위해서도 필요하지만, 긴장감을 더해 주거나 주의를 모으는 데도 효과가 있다.

보통 말을 할 때에는 6~12음절 정도로 나누어 사이사이를 잠깐 끊어 주는 것이 듣기에 편하다. 물론 끊을 때에는 말의 흐름이 자연스럽게 되도록 한다. 임자말과 풀이말 사이를 끊어 주면 행동의 주체가 분명해지고, 마디(문장)와 마디 사이를 잠깐 쉬면 편안한 느낌을 준다. 이야기가 긴박할 때는 마디를 짧게 하고 자주 끊어 주어야 한다. 주의를 모을 때는 2~3초 동안 쉰다. 다음 이야기를 알맞게 끊어 읽어 보자.

옛날 옛날 한 바보 아이가 살았는데, 하루는 친척 집에 갔다가 송편을 얻어먹게 되었대. 그 송편이 어찌나 맛있던지 더 먹고 싶은데 이름을 몰라. 그래서 친척 아주머니한테 물었어.

"아주머니. 이 떡 이름이 뭐예요?"

"응, 그거 송편이라는 거야."

이 바보가 그 이름을 잊지 않겠다고 "송편, 송편" 하고 외우면서 집으로 돌아갔단 말이야. 한 발짝 뗄 때마다 "송편, 송편" 하고 가다가, 개울물을 건너뛰게 되었거든.

"송편" 하고 건너뛰다가 그만 물에 첨벙 빠지고 말았지 뭐야.

"아이 차가워!"

그때부터 송편이라는 말을 잊어버리고, "아이 차가워, 아이 차가워" 하면서 갔대. 한 발짝 뗄 때마다 "아이 차가워, 아이 차가워" 하면서 집에 다 왔지.

"어머니, 아이 차가워 해 주세요."

"얘가 무슨 소릴 하는 거야? 아이 차가워가 다 뭐야?"

"아이 차가워가 아이 차가워지 뭐겠어요? 빨리 해 주세요."

"이 녀석이 엉뚱한 소리만 하고 다녀."

어머니가 화가 나서 이마를 쥐어박았더니, 아 글쎄 이마가 송편만 하게 부어올랐어. 어머니가 놀라서,

"에구머니. 이마가 송편만 하게 부어올랐네."

하니까, 바보가 그 말을 듣고 이제야 생각이 나네.

"오오라, 아이 차가워가 아니고 송편이다. 어머니, 송편 해 주세요."

하더래.

아이 차가워, 〈한국구전설화〉 받아 쓰기 → 다시 쓰기

말의 흐름이 자연스럽게 되도록 알맞게 끊고, 마디가 끝나는 곳에서는 잠깐 쉬고, 주의를 모을 때는 2~3초 동안 멈추었다가 시작하는 방법으로 이 이야기를 다시 한번 읽어 보자. /표 한 곳은 띄어 읽고, //표 한 곳은 잠깐 쉬고, ///표 한 곳에서는 2~3초 동안 멈추어 보자. 또 흉내말과 마주이야기를 실감나게 드러내 보자.

옛날 옛날 / 한 바보 아이가 살았는데, / 하루는 친척 집에 갔다가 / 송편을 얻어먹게 되었대. // 그 송편이 (과장해서) 어찌나 맛있던지 / 더 먹고 싶은데 / 이름을 몰라. // 그래서 / 친척 아주머니한테 물었어. //

(느릿느릿) "아주머니. / 이 떡 이름이 뭐예요?" //

"응, / 그거 / 송편이라는 거야." //

이 바보가 / 그 이름을 잊지 않겠다고 / "송편, / 송편" / 하고 외우면서 집으로 돌아갔단 말이야. // 한 발짝 뗄 때마다 / "송편, / 송편" / 하고 가다가, / 개울물을 건너뛰게 되었거든. //

(용을 쓰며) "송편" 하고 건너뛰다가 / 그만 /// 물에 (가락을 넣어) 첨벙 빠지고 말았지 뭐야. //

(느릿느릿) "아이 차가워!" //

그때부터 송편이라는 말을 잊어버리고, / "아이 차가워, / 아이 차가워" / 하면서 갔대. // 한 발짝 뗄 때마다 / "아이 차가워, / 아이 차가워" / 하면서 집에 다 왔지. //

(느릿느릿) "어머니, / 아이 차가워 해 주세요." //

"얘가 무슨 소릴 하는 거야? / 아이 차가워가 다 뭐야?" //

(더 느릿느릿) "아이 차가워가 아이 차가워지 뭐겠어요? / 빨리 해 주세요." //

"이 녀석이 / 엉뚱한 소리만 하고 다녀." //

어머니가 화가 나서 / 이마를 쥐어박았더니, / 아 글쎄 /// 이마가 송편만 하게 부어올랐어. // 어머니가 놀라서, /

"에구머니. / 이마가 송편만 하게 부어올랐네." /

하니까, // 바보가 그 말을 듣고 / 이제야 생각이 나네. //

"오오라, / 아이 차가워가 아니고 송편이다. / 어머니, / 송편 해 주세요." /

하더래.

몸짓과 손짓

이야기는 손짓과 몸짓을 알맞게 섞어서 해야 재미있다. 손짓이나 몸짓은 말로 나타내기 힘든 것을 나타낼 때도 쓰고, 장면을 더 생생하게 보여 주려고 할 때도 쓴다. 또 말을 강조하거나 분위기를 돋울 때도 쓴다. 주의를 모을 때도 쓸 수 있다.

몸짓이나 손짓은 음식에 견주면 양념과도 같다. 양념을 안 친 음식은 감칠맛이 없지만, 양념을 너무 많이 치면 본디 음식 맛이 사라져 버린다. 그러므로 손짓과 몸짓은 가끔 알맞게 해야지 너무 자주 하면 이야기가 산만해진다. 또 너무 과장하지 않도록 한다. 손짓, 몸짓이 너무 요란스러우면 듣는 사람이 '보는' 데에 정신이 팔려 '듣는' 일이 뒷전으로 밀려난다. 이야기라고 하는 것은 어디까지나 듣는 것이지 보는 것이 아니기 때문이다.

이야기를 할 때에 가장 많이 쓰는 것이 손이고, 그다음으로 허리, 다리, 팔, 목과 몸통을 움직여서 하기도 한다. 앉아서 이야기할 때에는 주로 손만 쓰게 된다.

손은 어깨 넓이 바깥과 머리 위에서 허리까지의 범위 안에서 움직이는 것이 좋다. 그것이 가장 안정돼 보이기 때문이다.

손으로는 손뼉을 치거나, 무엇을 가리키거나, 시늉을 하거나, 크기를 가늠하거나, 모양을 그릴 수 있다. 말만으로는 제대로 전달할 수 없거나 말을 더 실감나게 할 때에 효과가 있다. "참, 그렇지!" 하거나 "됐다!" 할 때는 손뼉을 치고, "저쪽 산 너머" 할 때는 손가락으로 가리킨다. "이만큼" 할 때는 손으로 크기를 가늠하고, "이렇게" "저렇게" 할 때는 시늉을 한다. "안 돼!" 할 때는 손을 내젓고, "이쯤" "저쯤" 할 때는 손으로 자리를 가늠한다. "꼭

하고 말 거야!" 할 때는 주먹을 쥐어 보이고, "거참!" 할 때는 손으로 머리를 긁적일 수 있다. 멀리 바라볼 때는 손을 이마에 얹고, 화가 났을 때는 손을 허리에 올려놓아도 좋을 것이다.

허리, 다리, 팔, 목으로도 상황을 나타낼 수 있다. 꼬부랑 할머니가 걸어갈 때는 허리를 굽혀 몇 걸음 걷고, 인사를 할 때도 허리를 굽힌다. 거만한 사람을 나타낼 때는 허리를 뒤로 젖힌다. 엉금엉금 기어갈 때는 다리와 팔을 허공에 번갈아 내밀고, "그래"와 "아니야"에서는 고개를 끄덕이거나 가로저으면 된다. 추울 때는 온몸을 움츠리고, 더울 때는 부채질하는 시늉을 한다. 안타까울 때는 발을 동동 구를 수도 있다. 몇 가지 보기를 들어 보자.

1. 겨우 (왼손으로 오른손 집게손가락 끝을 잡고 조금만 보이게 하여 쳐들며) 요만큼만 떼어 주더래.
2. 슬그머니 나타나서 팔을 (가까이 있는 사람, 또는 자기 팔을 잡으며) 덥석 잡고는 (잡아끌며) "이리 와" 하거든.
3. 구렁이가 몸을 (오른손을 앞에 내어 몇 바퀴 돌리며) 칭칭 감고는, (왼손으로 오른쪽 팔꿈치를 잡고 오른쪽 손목을 굽혀서 손가락 끝을 모아 아래위로 흔들며) 혀를 낼름낼름하고 있잖아.
4. 이렇게 (한쪽 눈을 감고 활시위 당기는 시늉) 활을 겨냥해서 쏘았지. 화살이 피융 (손을 펴서 날아가는 시늉) 날아갔어.

손짓과 몸짓은 말로 나타내기 어려운 대목이나, 이야기를 더 실감나게 하고 싶은 대목에 곁들이는 것이다. 그러므로 말로 충분히 뜻이 전달되는 곳에서 쓸데없이 몸을 움직이는 것은 좋지 않다. 또 이야기 분위기에 따라

몸짓을 많이 곁들이거나 조금 곁들인다. 가볍고 익살스러운 이야기는 자주 몸을 움직여 가며 해도 좋으나, 긴장해서 들어야 할 이야기는 될 수 있는 대로 말과 표정으로 모든 것을 나타내는 것이 좋다.

앉아서 이야기할 때에는 될 수 있는 대로 손 말고는 쓰지 않는다. 서서 이야기할 때에도 등이나 엉덩이가 보일 만큼 크게 움직이지 않는 것이 좋다. 몸짓이나 손짓은 과장되지 않게 잠깐 동안 빨리 하고 다시 이야기에 열중한다. 양념 맛 때문에 음식의 본디 맛이 사라지지 않도록 조심할 일이다.

다음 이야기를 읽으면서, 어느 대목에 손짓이나 몸짓을 곁들이는 게 좋을지 생각해 보고, 어떻게 나타내면 좋을지도 생각해 보자.

옛날 옛날, 어느 곳에 배씨 성을 가진 사람이 살고 있었거든. 그런데 이 사람은 어찌나 잊어버리기를 잘하는지, 방금 보고 들은 것도 금방 잊어버려. 그래서 자기 성도 몰랐대.

생각다 못한 부인이 저고리 옷고름에 배를 달아 주었어. 성을 댈 때는 그걸 보고 '배'라는 성이 생각나라고.

하루는 집에 손님이 찾아와 서로 인사를 하게 되었거든. 손님이 먼저,

"제 성은 김가올시다."

하고 인사를 하는데, 이 사람이 자기 성을 대려고 저고리 옷고름을 내려다보니, 어느새 배는 떨어져 버리고 꼭지만 남아 있더래. 그래서,

"제 성은 꼭지가올시다."

했대나.

또 어느 날 이 사람이 나들이를 떠나게 됐거든. 옛날에는 긴 담뱃대를 손에다 들고 다녔어. 그래서 사람이 이렇게 걸을 때마다 손이 앞뒤로 움

직일 게 아니야? 담뱃대를 든 손이 뒤로 가서 담뱃대가 안 보이면,

"아이구, 내 담뱃대 어디 갔나?"

또 손이 앞으로 와서 담뱃대가 보이면,

"아, 여기 있구나."

"어디 갔나?"

"여기 있구나."

"어디 갔나?"

"여기 있구나."

하면서 길을 걸어갔대.

이렇게 하면서 길을 걷다 보니, 덥고 다리도 아플 게 아냐? 그래서 어디 좀 쉬어 갈 곳이 없나 하고 두리번거리니, 저쪽 산기슭에 맑은 물이 보이더래.

'옳지, 저기서 목욕이나 해야 되겠다.'

하면서, 갓과 두루마기는 벗어서 나무 위에 걸쳐 놓고, 저고리와 바지는 바위 위에 올려놓고 목욕을 했지.

한참 목욕을 하다 보니, 저쪽 나무 위에 갓과 두루마기가 걸려 있잖아?

"어어? 어떤 정신 나간 친구가 저런 것을 다 벗어 놓고 갔지?"

하면서 나와 보니, 아 글쎄, 바위 위에 저고리와 바지까지 놓여 있잖아?

"허허, 어떤 정신 나간 친구가 이런 것도 다 벗어 버리고 갔지?"

이 사람이 횡재를 했다고 좋아하며 그걸 주워 입고 내려왔어. 사실은 자기 것인데 말이야.

그리고 또 한참 걸어가다가 웬 중을 만났거든. 중이 먼저 인사를 했어.

"소승 문안드립니다."

그랬더니, 무엇이든 잘 잊어버리는 이 사람이 잔뜩 점잔을 빼면서,

"허허, 어디 사는 대산고?"

하고 물었어.

"예, 저 산 너머 절에 사는 중이올시다."

조금 걸어가다가 잊어버리고,

"어디 사는 대산고?"

"예, 저 산 너머 절에 사는 중이올시다."

조금 걸어가다가 또 잊어버리고,

"어디 사는 대산고?"

"예, 저 산 너머 절에 사는 중이올시다."

이렇게 똑같은 대답을 하다 보니 중이 은근히 화가 날 게 아니야?

'어디 두고 보자. 나도 골탕을 좀 먹여야지.'

이러면서 가다 보니 날이 저물었어. 그래서 두 사람이 함께 주막집 방에서 잠을 자게 됐거든. 한참 잠을 자다가 새벽이 되어 중이 먼저 잠을 깨 가지고, 옆에서 쿨쿨 자고 있는 그 사람을 보고는,

'옳지, 골려 줄 때는 바로 이때다.'

하면서, 그 사람 머리를 빡빡 깎고는 자기 옷을 입혀 놓고, 자기는 두루마기를 입고, 그러니까 옷을 바꿔 입은 거지. 그래 놓고 슬그머니 가 버렸어.

아침이 되어 눈을 떠 본 이 사람이 자기 모습을 보고는 한다는 말이,

"어어? 중은 여기 있는데 나는 어디 갔지?"

"중을 여기 두고 나는 어디 갔을까?"

하더래.

무엇이든지 잊어버리는 사람, 들은 이야기, 다시 쓰기

이 이야기에서는 담뱃대를 쥐고 흔들면서 "어디 갔나?" "여기 있구나" 하는 대목이 아주 재미있다. 그래서 이 부분을 구연할 때는 꼭 손짓을 해 줘야 한다. 안 그러면 이야기의 재미가 반으로 줄어든다. 이런 이야기는 그저 한바탕 신나게 웃으려고 하는 이야기이므로, 공연히 심각하게 무게를 잡아서는 안 된다. 따라서 손짓이나 몸짓이 좀 수다스럽게 들어가도 괜찮다. 보기를 들어 보자.

1. 손님과 인사하는 대목에서

이 사람이 자기 성을 대려고 (손으로 저고리 앞섶을 잡고 살피며) 저고리 옷고름을 내려다보니, 어느새 배는 떨어져 버리고 (집게손가락 끝만 내보이며) 꼭지만 남아 있더래. 그래서,

(잔뜩 점잔을 빼며) "제 성은 꼭지가올시다."

2. 담뱃대 들고 걷는 대목에서

옛날에는 (양손을 벌려 길이를 가늠하며) 긴 담뱃대를 손에다 들고 다녔어. 그래서 사람이 이렇게 (걷는 시늉) 걸을 때마다 손이 앞뒤로 움직일 게 아니야? 담뱃대를 든 손이 뒤로 가서 (오른손을 뒤로) 담뱃대가 안 보이면,

(고개를 이쪽저쪽 돌리며 살피는 시늉) "아이구, 내 담뱃대 어디 갔나?"

또 손이 앞으로 와서 (오른손을 앞으로) 담뱃대가 보이면,

(고개를 끄덕끄덕) "아, 여기 있구나."

(걸어가면서 손을 뒤로) "어디 갔나?"

(손을 앞으로) "여기 있구나."

(똑같이) "어디 갔나?"

(똑같이) "여기 있구나."

3. 중과 이야기하는 대목에서

(고개를 숙이며 공손히) "소승 문안드립니다."

그랬더니, 무엇이든 잘 잊어버리는 이 사람이 잔뜩 점잔을 빼면서,

(허리를 젖히고 뒷짐을 진 채 느릿느릿) "허허, 어디 사는 대산고?"

하고 물었어.

(손을 앞으로 맞잡고 공손히) "예, 저 산 너머 절에 사는 중이올시다."

조금 걸어가다가 잊어버리고,

(똑같이) "어디 사는 대산고?"

(똑같이) "예, 저 산 너머 절에 사는 중이올시다."

조금 걸어가다가 또 잊어버리고,

(똑같이) "어디 사는 대산고?"

(똑같이) "예, 저 산 너머 절에 사는 중이올시다."

4. 옷을 바꿔 입은 대목에서

"어어? 중은 (오른손을 펴서 가슴에 대며) 여기 있는데 (양손을 펴서 흔들며) 나는 어디 갔지?"

(똑같이) "중을 여기 두고 나는 어디 갔을까?"

하더래.

위에 보기를 든 것은 어디까지나 보기일 뿐이다. 몸짓이나 손짓에 정답

이 있을 수는 없다. 이야기하는 사람에 따라서, 그때 분위기에 따라서, 듣는 사람에 따라서 얼마든지 다르게 할 수 있다.

눈길, 표정, 자세

이야기를 할 때 눈길을 어디에 두느냐에 따라서 듣는 사람이 받는 느낌은 매우 다르다. 듣는 사람을 고루고루 보면서 이야기를 하면 듣는 사람은 편안하고 정다운 느낌을 받지만, 눈길을 딴 곳에 둔다든지 한 사람만 뚫어지게 바라보면서 이야기를 하면 듣는 사람은 마음이 흐트러진다. 듣는 사람과 자주 눈길이 마주칠수록 마음의 거리가 좁아지는 법이다.

듣는 사람이 몇 안 될 때에는 한 사람, 한 사람을 번갈아 보면서 이야기하자. 듣는 사람이 여럿일 때에는 한쪽 구석에 있는 사람부터 시작해서 눈길을 천천히 돌리다가, 반대쪽 구석에 있는 사람까지 눈길이 가면, 다시 왔던 길을 되짚어 돌아오는 것을 되풀이한다. 그러다가 이야기 분위기에 따라서 눈길을 돌리기도 하고 한곳에 머무르기도 하는데, 보기를 들어 보자.

1. 깊은 생각, 의심, 그리움 : 눈길을 위쪽 먼 곳에 두거나, 또는 눈을 지그시 감는다.
2. 놀람, 성냄, 깨달음, 결심 : 눈길을 한곳에 두고 눈을 크게 뜬다.
3. 가리킴 (손짓과 함께) : 눈길을 손가락 끝에 둔다.
4. 부끄러움, 뉘우침, 불만 : 눈길을 잠깐 아래로 내린다.

표정을 바꾸어 가면서 하면 이야기가 더 재미있다. 마주이야기를 구연할

때에는 말하는 사람 성격이나 기분에 맞게 표정을 꾸미면 아주 재미있다. 능숙한 이야기꾼은 몸짓이나 손짓이 지나치지 않은 대신 표정이 풍부하다. 듣는 사람은 이야기꾼 표정을 보고 이야기꾼이 느끼는 것과 똑같은 느낌에 빠져들 수 있다. 예를 들어, 주인공이 나무를 타고 올라가는 대목을 싱글싱글 웃으며 이야기하면 신난다는 느낌이 들고, 얼굴을 찡그리고 이야기하면 힘들다는 느낌이 든다. 표정을 실감나게 바꾸는 것은 일부러 꾸며 낼 수 없는 일이다. 만약 억지로 꾸며 낸 표정을 짓는다면, 무대 위에서 무용수가 꾸며 내는 웃음처럼 어색해서 오히려 듣는 사람이 피곤할 뿐이다. 이야기꾼이 이야기 속에 푹 빠져들면 구연하는 도중에 저절로 표정이 바뀌게 마련이다. 다시 말하지만, 옛이야기는 철사로 붙들어 매어 키우는 분재 같은 것이 아니다. 그것은 들판에서 한없이 자유롭게 크는 들풀과 같은 것이다.

이야기를 할 때에는 어떤 자세라도 편안한 느낌이 들면 괜찮다. 듣는 사람이 적으면 앉아서 이야기하고, 듣는 사람이 많으면 서서 이야기하는 것이 좋다. 서서 이야기할 때는 책상 같은 것을 짚지 말고 두 손이 언제나 움직일 수 있도록 한다. 이야기 중에 서성거리지 말고 두 발은 편안하다 싶을 만큼 벌리고 선다.

위에서 말한 몸짓과 손짓, 눈길, 표정, 자세는 어디까지나 보기로 든 것뿐이다. 어떤 경우에나 틀에 박힌 기술이란 있을 수 없다. 어느 것이든 보통 이야기를 나눌 때와 달라야 한다는 법도 없다. 상식을 벗어나지 않는 것이 가장 좋다.

이야기는 특별한 때에 남다른 사람이 별스러운 방법으로 하는 것이 아니다. 언제 어디서나 입 가진 사람이면 누구라도 할 수 있는 것이고, 아침저녁으로 인사 나누듯이 삶 속에서 자연스럽게 들려주고 듣는 것이다. 그러

니 편안하고 쉽게, 상식에 벗어나지 않게 하는 이야기가 가장 좋다. 다음 이야기를 들어 보면, 이야기꾼이나 듣는 사람이 얼마나 편안하게 이야기를 즐기는지 짐작할 수 있을 것이다.

(청중 : 구렁덩덩 신선비 이야기 해 주시지요.)

옛날, 딸 삼형제 있는 사람이 있었어. 구렁덩덩 신선비가 장가를 갈라고 즈그 엄매보고 장자네 집에 딸 삼형제에서 끄터리[1]를 중신을 해 도라 그러거든. 그렁개,

"아, 그런 집에 가서 내가 어찌 중신을 해야?"

"근개 가서 이야기해 보라고. 제일 큰애기, 큰아부텀 물어보라고."

"아이구, 누가 구렁이한테로 시집가는 사람이 어디 있냐?"

고 큰딸이 그러거든. 퇴짜거든. 그 늙은이가 가서,

"하도 우리 아들이 그렇게 이 집에 장가가기를 질겨하느만."

하더래요. 새로 첨부터 이야기하지.

처음에 할머니가 애기를 난 것이, 참 처음에 제일 처음에 그 할매가 구렁덩덩 신선비를 날라고 애기를 뱄단 말이여. (청중 : 할머니가 애기를 배었어요?) 항.[2] 즈그 어머니가, 신선비 엄매가 그 사람을 뱄어.

이렇게 (배부른 동작) 불러 가지고 달이 차서 나닌개, 처음에는 신선비 머시매가 참 좋더니, 그만 둔갑을 해 갖고는 구렁이가 돼 버렸어. 그렇게 사리사리 해 갖고, 아랫목에 앉아 갖고 또가리[3]를 짓고서.

근개 애기 나면 포대기니 까는 것이니 안 장만해야? 그런 것을 그냥 깔

1) 막내 2) 응 3) 똬리

아 갖고는 덮어 노면 그렇게 커. 자꾸 구렁이가 커. 크는디 인자 그런깨 몇 해나 먹어졌던가 그리 되었는디, 그 장자네 집에 딸네 집으로 장가를 갈란다고 하도 날랑거려싸.[4] 날랑거려싼개 즈그 엄매가 있다가,

"아이구 야야, 그런데 가서 어떻게, 네가 그래도 몸이나 거시기하면 모르지만, 누추한 허물을 입고 어떻게 장가를 가느냐?"

그런개,

"걱정 말고 중신만 하라고."

그런개 인제, 큰딸한테 가 이야기를 한개 탁 쏘거든. 둘째 딸한테 가 이야기를 한개로 또 쏘아 버리거든. 그런개 그 막둥이 딸은 들을 만하고 앉았다가, 갈 득기[5] 해야.

막둥이 딸인데, 아 그래 인제 그렇게 말을 해 갖고 인제, 아 인제, 간짓자루[6]를 얻어 오니라. 날을 받았은개. 이렇게 (동작) 사람같이 서서 절을 하잖애,[7] 간짓대를 키 큰 놈을 마당에다가 박으라고 해 갖고, 그래 인제 이렇게 (동작) 스르르 타고 올라가서는, 끝에 가서 절을 하닌개 신선비가, '신랑 재배' 하닌개 이렇게 (동작) 숙이고 절한단 말이여. 이렇게 얌전하게 절을 한개, 인제 거시기, 싹 절을 해 놓고는, 예를 지내고는 신방을 채려.

아 그 큰애기가 복이 있던개비여. 들어거 것고 방에서 사리사리 또가리를 치고 앉아서, 신랑 구실을 해. 앞에다 상을 쭉 채려 놓았는디, 죄다 이렇게 둘러보고, 상 채려 놓은 걸 둘러보고는, 아 첫날밤을 꾸며 가지고 앉았는데, 세상에,

4) 졸라 대다 5) 갈 듯이 6) 긴 막대 7) 하지 않고

(큰 소리로) "문 열어라!"

즈그 성들이 심사 부릴라고 그래.

"문 열어라. 이크 뜨거라. 팥죽 끓였다!"

즈그 성네가 동생 줄라고 식기에 팥죽을 갖고 감서,

"문 열어라. 팥죽 주께 문 열어라!"

해도 안 열어 줘. 죽어도 안 열어 줘 갖고는 첫날밤을 지내고 나니 구렁이 한테 시집갔다고 언니들이 구박이 많아.

구박을 많이 받고, 나중에 가서는 시간이 찼던가 뱀이 허물이 할딱 벗겨져서 그게 신선비란 말이야. (청중 : 첫날밤 벗겨졌나요?) 아니 시간을 두고, 시간이 차 갖고 벗겨졌지. 시간을 두고. 멍석을 입었다가 시간이 딱 차 간개는, (머리를 가리키며) 여기서부터 갈라져 가지고는, 비늘을 머리서 아래로 벗어서, 환한 남자로 신선비가 됐어. 둘러쓴 비늘을 곱게 벗었어.

입은 딱 벌린 채 또가리를 틀어 놓고 백지에다가 싸서, 싸 갖고 생전 그걸 안 보이게 해야 되거든. 그래서 백지에 싸서 장 속에 넣어 놨어. 그걸 즈그 성들이 심청을 부리고 뺏아 갈래도 그래도 되간디?

즈그 성이 어쩌케 즈그 동생을 구박을 하던지, 구박을 하지만 그래도 신선비가 그렇게 잘 살게 됐어. 사람이 잘 살아. 신선비가.

(청중 : 여기서 끝나요?) 끝나지 그럼.

(청중 : 웃음. 그다음 과거 본 이야기는 어때요? 계속해 주시지요.) 그래 처형들이 심청을 부려 갖고 들에 나간 새에 허물을 태와 버려서 신선비가 화가 나서 떠 버렸어. 냄새 맡고 쫓아와 갖고 그냥 신선비가 올라가 버렸지. 천왕으로. 하늘로. 여기가 끝이지.

(청중 : 신선비 각시가 찾아갔지요?)

응, 찾아갔어. 거기는 몰라. 다 잊어뿌렸어. 신선비가 낳고 크고 장가간 것만 알지.

구렁덩덩 신선비, 《전북민담》 받아 쓰기 → 옮겨 쓰기

이 이야기를 하는 할머니는 처음에 갑자기 이야기를 시작하느라고 구렁덩덩 신선비가 태어난 이야기를 빠뜨려 버렸다. 조금 하다가 생각이 나자, "새로 첨부터 이야기하지" 하면서 이야기를 다시 거슬러 올라간다. 그러다가 사이사이에 줄거리를 떠올리느라 주춤거리기도 하고 재미있겠다 싶은 대목은 길게 늘이기도 한다. 오래전에 들은 이야기라 줄거리가 오락가락하나 보다. 그래도 재미있다.

다른 데서 받아 쓴 것을 보면 구렁덩덩 신선비 이야기는 매우 길다. 그런데 이 할머니는 뒷부분을 잊어버려서 이야기를 다 채우지 못하고 중간에서 "잘 살게 됐어" 하고 끝내려 한다. 뒷이야기를 더 해 달라고 하자, 기억을 더듬다가 신선비가 하늘로 올라간 것으로 하고 이야기를 끝맺는다. (다른 이야기에서는 색시가 갖은 고생 끝에 신선비를 찾아가서 다른 여자와 내기를 하고, 내기에 이겨서 잘 산다는 것으로 되어 있다.) 그래도 뒷이야기를 꺼내자 잊어버렸다고 실토를 하고 이야기를 끝낸다.

이렇듯 이야기꾼이나 듣는 사람은 서로 편안하게 이야기를 즐긴다. 이야기꾼은 이야기를 하다가 빠진 것이 생각나면 슬그머니 이야기를 되돌리고, 듣는 사람은 그래도 재미있어한다. 듣는 사람은 줄거리를 뻔히 알고 있어도 내색하지 않고 듣다가, 이야기가 중간에서 끊어지면 슬쩍 도와주기도 한다. 편안하고 쉽게 하는 이야기, 이것이 옛이야기의 참모습이다.

이야기 주고받기

농사를 짓고 사는 사람들이 저녁을 먹고 한방에 둘러앉아서 나누는 이야기는 길이가 문제되지 않는다. 짧으면 짧은 대로, 길면 긴 대로, 얼마든지 즐길 수 있는 여유가 있었기 때문이다. 그러나 오늘날에는 학교에서나 집에서나 시간 가는 줄 모르고 이야기를 즐기기는 어렵게 되었다.

그래서 이야기를 시작하기 전에 대략 얼마만큼 시간이 걸릴지 짐작해 보는 슬기도 이야기꾼에게는 필요하다. 보통 200자 원고지 두 장쯤 되는 이야기라면 1분 만에 다 할 수 있다. 이런 기준으로 이야기하는 데 걸리는 시간을 미리 점쳐 볼 수 있다. 예를 들어, 앞에서 보기로 든 이야기 '무엇이든지 잊어버리는 사람'은 200자 원고지로 열 장쯤 되는 이야기이므로, 그대로 구연하면 5분쯤 걸릴 것이다.

아이들에게 이야기를 들려줄 때에는 아이들 나이에 맞추어 이야기 길이를 알맞게 정하는 슬기도 필요하다. 보통 초등학교 입학 전의 어린아이들에게는 2~3분, 초등학교 저학년 어린이들에게는 5분 정도, 초등학교 고학년 어린이들에게는 10분쯤 걸리는 이야기가 알맞다.

이야기가 길 때에는 전체를 몇 도막으로 나누어서 오늘 조금, 내일 조금, 이렇게 이어서 들려줄 수도 있다. 아이들은 물론 끝까지 들려달라고 조를 터이지만 그럴수록 조금씩 이어서 들려주는 게 이야기에 더 재미를 붙이게 할 수도 있다. 이어서 들려줄 때에는 다음 대목이 궁금할 때쯤 멈추고, 이어질 때에는 앞부분 줄거리를 다시 확인한 다음 계속한다.

앞부분 이야기를 확인할 때는 물론, 이야기를 하다가도 가끔 듣는 사람과 말을 주고받으면 더 재미있고 분위기가 좋아진다. 다음에 보기를 들어

보겠다.

이야기꾼 : 어저께 내가 어디까지 이야기했더라?

듣는 이 : 콩쥐가 밭매러 가서 울고 있는데, 하늘에서 암소 두 마리 내려온 데까지 했어요.

이야기꾼 : 옳지, 그랬지. 콩쥐는 왜 밭매러 가서 울고 있었지?

듣는 이 : 계모가 팥쥐한테는 쌀밥에 쇠호미를 주고 싸라기밭을 매러 보냈고, 콩쥐한테는 조밥에 나무호미를 주고 자갈밭을 매러 보내서 그래요.

이야기꾼 : 그랬구나. 그럼 슬슬 이야기를 시작해 볼까. 암소 두 마리가 턱 내려와서 콩쥐한테 왜 울고 있느냐고 물었거든. 콩쥐는 일이 힘들고 살기가 고생스러워서 운다고 그랬지. 그러니까 소가 하는 말이, "아래탕에 가서 발 씻고, 중탕에 가서 멱 감고, 위탕에 가서 머리 감고, 명주 수건을 손에다 감고 내 입에 손 넣어 봐라" 하거든. 참, 내 정신 좀 봐. 암소가 뭐라고 그랬다 했지?

듣는 이 : 아래탕에 가서 발 씻고…….

이야기꾼 : 참, 그랬지. 그래서 콩쥐는 아래탕에 가서 발 씻고, 중탕에 가서 멱 감고, 위탕에 가서…… 위탕에 가서……

듣는 이 : 머리 감으라고 했어요.

이야기꾼 : 옳지, 그랬구나.

이렇게 말을 주고받으면서 이야기하면 이야기꾼과 듣는 사람의 거리가 가까워져서 한 덩어리가 된다. 옛이야기를 듣는 사람은 그저 멍하니 듣고

만 있는 게 아니라, 끊임없이 이야기에 끼어들고 장단을 맞추면서 이야기꾼과 함께 이야기를 만들어 나간다. 이야기꾼은 언제든지 듣는 사람의 참견을 받아들일 준비가 돼 있어야 한다. 판소리에 추임새가 있어서 신명이 나듯이 이야기에는 듣는 이의 참견이 있어야 더욱 흥겹다.

가끔 이야기에는 군소리도 들어간다. 하지 않아도 될 소리가 양념처럼 들어가서 아기자기한 맛을 더해 주는 것이다. 판소리의 아니리에도 그런 군소리가 있다.

> (앞 줄임) 한참을 치하하니 어사또가 할 말 없어 듣기만 하는구나. 다른 가객 몽중가는 옥중에서 어사보고 산물을 한다는데 이 사설을 짓는 이는 신행 길을 차렸으니 좌상 처분 어떠한지. 춘향이가 조금 있다 수작을 다시 내어 (다음 줄임)

신재효본 판소리 '춘향가'에서 (맞춤법만 고침)

이몽룡이 옥에 갇힌 춘향을 찾아오자, 거지꼴을 한 서방을 보고 춘향이 반기는 대목을 풀어 놓은 후에 군소리를 집어넣었다. 다른 가객들은 거지 서방을 보고 춘향이 요망을 떤다는데, 나는 그러지 않고 좋아하도록 이야기를 꾸몄으니 어떤가 하고 넌지시 물어보는 것이다. (여기서 '좌상'이란 소리판을 베푼 양반을 가리키는 말이다.)

이야기에도 이런 군소리가 들어가서 듣는 이를 한바탕 웃게 만드는 수가 있다. 이야기 끄트머리에 그냥 "잘 살았단다" 해도 될 것을 "잘 살아서 어저께까지 살았대" "어저께까지 살다가 오늘 아침에 죽었다지" 한다든지, "잘 살다가 앞산 안고 뒷산 지고 닭다리 호통 푸드덕 깽 했더래" 하는 것이

그런 군소리다. 또 이야기를 시작하기 전에 "이 이야기가 재미없으면 나 오늘 저녁 굶을 거야" 같은 군소리를 집어넣기도 한다. 이런 것은 모두 이야기에 흥을 돋우기 위한 장치다.

이야기를 하면서 가끔 소도구를 쓰기도 한다. 무엇이든지 넣으면 가득 차는 요술 냄비 이야기를 하다가, 호주머니에서 동전을 하나 꺼내어 들고 "이 동전을 넣어도 한 냄비 가득 찰까. 그러면 나 부자 되겠네" 하는 것이 그 보기인데, 이런 것도 주의를 끌거나 흥을 돋우는 수단이다. 그러나 이야기는 어디까지나 말로 하는 것이라는 점을 잊어서는 안 된다.

좋은 이야기꾼이 되려면

이야기는 누구나 다 하는 것이지만, 그래도 사람에 따라서 이야기를 더 재미있게 하는 사람이 있고 그렇지 못한 사람도 있다. 능숙한 이야기꾼이 못 되어도 이야기를 좋아하고 즐기면 그만이긴 하다. 그러나 남보다 이야기를 더 잘하고 싶다면 어느 정도 연습이 필요하다. 이야기 연습이라고 해서 따로 시간을 내어 혼자 하기보다는, 서투르면 서투른 대로 여럿 앞에서 자꾸 이야기하는 것이 저도 모르는 사이에 훌륭한 이야기꾼이 되는 지름길이다. 그러나 혼자 연습하는 것이 반드시 나쁘지는 않으니 그런 연습 방법을 몇 가지 들어 보기로 한다.

첫째, 글로 써 놓은 이야기를 소리 내어 읽는 연습을 많이 하는 것이다. 이때 이야기 자료는 받아 쓴 것이나 다시 쓴 것을 고르되, 말을 자기 말투에 맞추어 고쳐서 읽어야 한다. 처음부터 남이 한 말을 그대로 흉내 내거나 남이 써 놓은 글을 그대로 외다 보면 개성이 묻혀 버린다. 개성이 없는 이

야기는 죽은 이야기다. 여기 보기를 들어 본다.

1. 글로 써 놓은 이야기

산골에 사는 호랑이가 먹을 것이 없을까 해서 마을로 어슬렁거리며 내려와 불이 켜진 초가집 앞에 이르렀습니다. 방 안에서 한숨 쉬는 소리가 났습니다.

"아이고, 이놈의 가난. 한번 붙으면 떨어질 줄 모르는 징그러운 가난. 이 원수 놈의 가난. 이 가난을 언제 떨어내고 살아 볼까?"

이렇게 남자가 한숨을 쉬면서 가난 타령을 하였습니다.

"여보, 가난이 아무리 무섭기로 저기 있는 호랑이만 할라고요?"

부인이 하는 말을 들은 방 밖의 호랑이는 깜짝 놀랐습니다.

2. 고쳐 읽기, 하나

산골에 사는 호랑이가 먹을 것이 없을까 해서 마을로 어슬렁어슬렁 내려와 불 켜진 초가집 앞에 턱 섰거든. 그런데 방 안에서 한숨 쉬는 소리가 나는 거야.

"아이고, 이놈의 가난. 한번 붙으면 떨어질 줄 모르는 징그러운 가난. 이 원수 놈의 가난을 언제 훌훌 떨어내고 살아 볼꼬?"

이렇게 남자가 한숨을 쉬면서 신세타령을 하거든.

"여보, 가난이 아무리 무섭기로 저기 있는 호랑이만 할라고요?"

부인이 또 이러거든. 이 말을 들은 호랑이가 그만 기겁을 해.

3. 고쳐 읽기, 둘

산골에 사는 호랑이가 먹을 것이 없을까 해서 마을로 어슬렁어슬렁 내려왔어. 불 켜진 초가집 앞에 서서 들으니, 방 안에서 한숨 쉬는 소리가 나지 않아?

"휴우, 이놈의 가난. 한번 붙으면 떨어질 줄 모르는 징그러운 가난. 이 원수 놈의 가난을 언제 훌훌 떨어내고 살아 볼꼬?"

이렇게 아저씨가 한숨을 쉬며 신세타령을 해.

"여보, 가난이 아무리 무섭기로 저기 있는 호랑이만 하겠어요?"

아주머니가 하는 말을 듣고 호랑이는 깜짝 놀랐지.

소리 내어 읽을 때는 큰 소리로 읽는다. 글을 읽는다는 느낌보다는 이야기를 한다는 느낌이 들도록, 흉내말과 마주이야기는 쑥 드러내고 말의 높낮이와 세기를 바꿔 가면서 읽는다. 여러 번 되풀이해 읽어 보고 녹음을 해서 다시 들어 보면서 고칠 것은 고친다.

둘째, 혼자 이야기하는 방법도 있다. 이것은 소리 내지 않고 마음속으로 이야기하는 것을 말한다. 이야기를 하나 듣거나 읽으면 그 줄거리를 잘 새겨서 속으로 이야기를 해 보는 것이다. 이런 연습은 차를 타고 가면서도, 앉아서 쉬면서도, 잠자리에 누워서도 할 수 있다. 줄거리가 막히지 않고 술술 풀릴 때까지 속으로 이야기를 되풀이하다 보면 저절로 이야기가 자기 것이 된다. 속으로 이야기할 때에도 말소리를 바꿀 수 있다. 생각만으로 얼마든지 만들 수 있기 때문이다.

셋째, 거울을 보면서 자기에게 이야기하는 연습을 할 수도 있다. 처음에는 우습기도 하겠지만, 열심히 이야기에 빠져들다 보면 거울 속 자기 모습에 반하는 일도 생길 것이다. 손짓과 몸짓, 표정을 어떻게 하면 좋은지 스스로 깨닫는 데 좋은 연습 방법이다.

그러나 좋은 이야기꾼이 되려면 뭐니 뭐니 해도 자꾸만 이야기를 해야 한다. 한 사람이건 두 사람이건 이야기를 들을 준비가 되어 있는 사람 앞에서는 서슴지 말고 이야기를 들려주자. 그러다 보면 자기도 모르게 훌륭한 이야기꾼이 되어 있는 스스로의 모습을 발견하게 될 것이다.

실제로 이야기판을 벌일 때 이야기꾼은 좀 더 편안한 마음을 가져야 한다. 이야기를 잘해야겠다는 부담감과 실수하면 어쩌나 하는 걱정에서 벗어나 놀이하듯 즐겁게 이야기를 하는 것이다. 이야기판은 듣는 이와 이야기꾼이 다 같이 즐거워야지 어느 한쪽이라도 불편해서는 안 된다. 이야기판에서 이야기꾼이 가져야 할 마음가짐을 다시 한번 적어 둔다.

첫째, 이야기판은 이야기꾼과 듣는 이가 함께 만들어 나가는 것이다. 그러므로 이야기꾼은 듣는 이의 참견을 언제나 즐겁게 받아들여야 한다. 참견이 물음일 때는 상상력을 부추기는 방식으로 대응하고, 의견일 때는 너그럽게 받아들인다.

둘째, 이야기를 좋아해서 거기에 푹 빠져든다면 더할 나위 없이 좋다. 이야기꾼이 먼저 이야기를 좋아하지 않고서 듣는 이가 이야기를 좋아하게 바랄 수는 없는 것이다. 남의 이야기를 전한다기보다는 내 이야기를 들려준다는 마음가짐이 필요하다.

셋째, 듣는 이 반응을 살펴 이야기를 알맞게 다듬는다. 듣는 이가 지루해하면 한두 대목 건너뛰어도 되고, 듣는 이가 재미있어하면 몇 마디 더 보태어도 좋다. 만약 어느 한 대목을 잊어버렸다 해도 당황하지 말고 알맞게 지어내어 메워 나갈 일이다.

넷째, 이야기는 이야기일 뿐이다. 이야기 속에 담긴 주제를 너무 의식하여 자꾸 가르치려 들지 말고 그저 재미있게 들려준다는 마음으로 이야기한다. 주제가 뚜렷한 이야기일수록 겉으로 드러내지 않고 은근히 숨겨 두는 슬기가 필요하다.

다섯째, 심리 묘사나 장면 묘사를 최소한으로 줄이고 오로지 사건을 따라 성큼성큼 앞으로 나아간다. 나머지 세세한 부분은 듣는 이 상상에 맡긴다. 듣는 이가 묻지 않는 한 어떤 설명도 하지 말고, 상상력이 필요한 대목에서는 설령 물음이 나온다 하더라도 그 해답을 이야기꾼이 내놓기보다는 듣는 이에게 맡기는 편이 좋다.

여섯째, 이야기의 합리성에 매달리지 않는 것이다. 이야기를 이치에 맞게 만들려고 하면 여러 가지 상황 설명이 필요해지고, 그렇게 꿰어 맞출수록 이야기는 점점 더 어수선해진다. 옛이야기는 어차피 합리성과 거리가 멀다는 점을 잊지 말자.

일곱째, 가끔 듣는 이에게 말을 걸거나 군소리를 집어넣는 일도 필요하다. "그래서 무엇이 나왔을까?" 또는 "호랑이가 나올 줄은 나도 몰랐네" 같은 것이 그 보기이다. 이런 군소리는 이야기판에 생기를 불어넣고 이야기꾼과 듣는 이의 거리를 좁히는 구실을 한다.

여덟째, 가끔 아이들이 이야기를 이끌어 나가게 하는 것도 괜찮은 방법이다. 이때는 이야기가 중심을 잃지 않도록 도와주어야 하는데, 만약 아이들이 이야기판을 낯설어한다면 미리 몇 가지 약속을 해 두는 것도 좋다. 주인공은 착하고, 착한 사람은 착한 일만 하게 되며, 끝에 가서는 복을 받게 된다는 보통의 틀을 지키는 것이 그 보기가 된다.

하지만 뭐니 뭐니 해도 이야기꾼에게 가장 필요한 것은 옛이야기에 대한 깊은 애정과 넓은 이해와 뚜렷한 안목이다. 이것은 이야기 잘하는 재주보다 몇 곱절이나 더 필요한 것이다. 아이들에게 어떤 이야기를 골라서 들려줄 것인가, 이야기를 고치고 다듬을 때 무엇을 지키고 무엇을 바꿀 것인가, 이런 물음에 대한 해답을 말재주만으로 찾아낼 수는 없기 때문이다.

5장

이야기로 가르치기

우리는 이야기를 통해서 기죽은 아이에게는 용기를 불어넣어 주고, 슬픔에 빠진 아이에게는 꿈을 심어 줄 수 있다. 자만에 빠진 아이에게는 겸손을 가르치고 덤벙대는 아이에게는 신중함을 깨우쳐 줄 수 있다. 이래서 이야기는 약도 되고 매도 된다. 힘과 용기를 불어넣어 주는 이야기가 약이라면 잘못을 깨닫게 하는 이야기는 매가 된다. 그저 한바탕 웃고 즐기는 이야기는 군것질거리쯤 되겠지.

약도 되고 매도 되는 이야기

아이들에게 옛이야기를 들려주는 일은 바로 그것으로 이미 훌륭한 교육이다. 이야기를 들으려고 귀를 쫑긋 세우고, 이야기를 들으면서 머릿속에 갖가지 장면을 떠올리고, 서로 어울려 한바탕 웃고 가슴 졸이는 사이에 이미 아이들은 많은 것을 배우게 된다. 남의 말을 귀 기울여 듣는 태도를 배우고, 말귀를 알아듣는 힘을 키울 뿐 아니라 상상의 즐거움과 공동체의 소중함을 깨닫는다. 그것은 결코 훈계나 잔소리를 들어서 얻는 배움과 같지 않다. 머리로 깨치는 배움이 아니라 온몸으로 느끼는 배움이기 때문이다.

또한 이야기 속에는 저마다 다른 생각과 가르침이 들어 있기 때문에, 아이들은 그것을 의식하든 의식하지 않든 값진 깨달음을 얻을 수 있다. 일부러 이건 이렇고 저건 저렇다고 가르쳐서가 아니라 이야기를 들으며 저절로 얻는 깨달음이다. 이것은 훈계에서 얻는 배움보다 몇 배나 값진 것이다.

이야기로 무엇을 가르칠 수 있는가? 우선 살아가는 태도를 가르칠 수 있다. 옛이야기 속에는 우리 조상들이 오랜 세월 동안 살아오면서 서로서로 깨우치고 깨친 귀중한 가르침이 들어 있다. 욕심을 부려서는 안 된다, 혼자 잘 살겠다고 남을 뿌리쳐서도 안 된다, 흙과 자연을 소중하게 여겨야 한다, 불쌍한 사람은 도와주어야 한다, 부자든 가난뱅이든 모든 사람은 다 평등하고 귀하다……. 이런 소중한 가르침이 이야기 속에 녹아들어 있는 것이다. 아이들은 옛이야기를 들으면서 이런 교훈을 얻고 스스로 세상을 바르게 사는 법을 깨닫게 된다.

또 삶의 지혜를 가르칠 수 있다. 옛이야기 속에는 주인공이 어려움을 이겨 내는 과정에서 보여 주는 온갖 슬기가 들어 있다. 삶 속에서 시시각각 부딪치는 여러 문제를 해결하는 슬기, 숨겨진 불의를 벗겨 내어 온 세상에 알리는 슬기, 부당한 힘에 쫓기는 사람을 구해 내는 슬기, 어려움 속에서 스스로 살아남는 길을 찾는 슬기……. 이런 것을 어찌 훈계나 잔소리로 가르칠 수 있겠는가. 아이들은 이야기의 주인공과 한 몸이 되어 갖가지 모험을 즐기면서 자연스럽게 이런 슬기를 배운다.

그리고 옛사람들이 살아온 모습을 가르칠 수 있다. 옛이야기 속에는 우리 조상들이 살아온 모습이 생생하게 들어 있다. 옛이야기를 들어 보면, 옛사람들이 씨를 뿌려 열매를 거두고, 나무를 해다 불을 지피고, 베를 짜서 옷을 지어 입는 모습이 눈에 선히 보이는 듯하다. 어떤 이는 이런 모습이 요즈음 아이들 삶과 너무 달라서 이해하기 힘들 테니 요즈음 흔히 볼 수 있는 삶의 모습과 비슷하게 고쳐서 들려주어야 한다고 주장한다. 그러나 나는 그렇게 생각하지 않는다. 옛사람이 살아온 모습을 모르고서야 어찌 오늘을 올바르게 살아갈 수 있겠는가. 더구나 요즈음 아이들의 삶이란 어떤 것인가. 서양에서 들어온 옷과 음식에 익숙해져서 찢어진 청바지는 좋아하면서도 김치는 싫어하고, 점수 따기 경쟁에 내몰려 자연과 사람 귀한 줄 모르고 살아가는 아이들에게 주먹밥을 피자로, 까치밥을 바나나 열매로 고쳐서 들려주자고? 그렇게 하느니 차라리 이야기를 들려주지 않는 게 낫다고 나는 생각한다. 아이들이 이해를 잘 못하면 하나하나 설명해 주어서라도 옛이야기 그대로 들려주어야 한다. 또 아직까지 나무 지게나 물레가 뭔지 몰라서 이야기 듣기를 어려워하는 아이는 보지 못했다. 이 땅에 살고 있는 아이들은 남의 나라에서 놀러 온 아이들이 아니다. 겨레의 피를 이어받고 태어나 겨레의 한 사람으로 살아가는 아이들이다.

또 우리는 이야기를 통해서 기죽은 아이에게는 용기를 불어넣어 주고, 슬픔에 빠진 아이에게는 꿈을 심어 줄 수 있다. 자만에 빠진 아이에게는 겸손을 가르치고 덤벙대는 아이에게는 신중함을 깨우쳐 줄 수 있다.

이래서 이야기는 약도 되고 매도 된다. 힘과 용기를 불어넣어 주는 이야기가 약이라면 잘못을 깨닫게 하는 이야기는 매가 된다. 그저 한바탕 웃고 즐기는 이야기는 군것질거리쯤 되겠지.

그저 즐기기 위해 하는 이야기라면 그럴 필요가 없지만, 무언가를 가르치기 위해 들려주는 이야기는 때에 따라, 듣는 대상에 따라 가장 알맞은 이야기를 고르는 지혜가 필요하다. 이를테면 학교에서 아이들이 도시락 밥을 함부로 버렸다고 하자. 이때에는 어떻게든 곡식과 음식의 소중함을 깨우쳐 주는 이야기를 골라 들려주어야 한다. 그런 이야기의 보기를 하나 들어 보이겠다.

내 이야기 한번 들어 봐. 옛날에, 절에 사는 스님이 조그만 아이를 하나 데려다 길렀어. 아마 아버지도 어머니도 없는 아이였던 모양이지. 그래서 데려다가 길렀는데, 나이가 한 여남은 살 먹으니까 공부를 가르쳐서 상좌를 만들었어. 말하자면 꼬마 중이야. 너희들도 절에 가 봤지? 절에 가 보면 조그만 아이 스님이 있잖아? 그런 스님을 상좌라고 해.

상좌가 똑똑하고 말도 잘 듣고 하니까, 큰스님이 더러 심부름을 보냈나 봐.

"저 아래 마을 황 부잣집에 가서 시주쌀 보내라고 일러라."

"산 너머 암자에 가서 스님 오시라고 일러라."

이렇게 심부름을 보냈는데, 하루는 상좌가 마을에 심부름 갔다가 돌아오는 길에 누렇게 익은 나락을 봤거든. 나락이 벼이삭이야. 나락이 잘 익어서 고개가 축축 늘어져 있었단 말이야. 상좌가 하도 탐스러워서 그걸 세 송이 끊었어. 끊어서 들고 절에 돌아왔는데, 큰스님이 그걸 보고는,

"너 왜 나락 모가지를 끊어 가지고 왔느냐?"

하고 물어.

"예, 이삭이 하도 탐스러워서, 대체 낟알이 몇 개나 붙어 있나 세어 보려고 끊어 왔습니다."

하니까, 스님이 불호령을 내려.

"그 논 임자는 피땀 흘려 그렇게 농사를 잘 지어 놨는데, 네가 장난삼아 곡식 이삭을 끊었으니, 그 죄가 크다. 내가 너를 소로 만들 터이니, 그 집에 가서 이삭 하나에 한 해씩 삼 년을 일하고 돌아오너라."

스님이 도술을 부리는 스님이거든. 상좌를 소로 만들어 가지고 마을로 내려 보냈어. 소가 된 상좌가 나락 주인 집 앞에 가서 '음매애' 하고 울면서 서 있으니까, 주인이 내다보거든. 주인이 데려다 외양간에 매 놓고 아무리 기다려도 찾아가는 사람이 없으니까, 데리고 일을 시켰어. 삼 년을.

삼 년 동안 밭도 갈고 논도 갈고, 풀 먹고 외양간에서 자면서 억척으로 일을 했어. 삼 년이 지난 뒤에 스님이 논 주인 집에 와서는,

"이 소가 일을 잘합디까?"

하고 물어.

"아이고, 잘하다뿐입니까? 이 소 덕분에 우리 농사가 몇 배나 잘되었답니다."

스님이 그제서야 종이에 글을 몇 자 써서 소한테 던져. 그러니까, 아 그만 소가 다시 사람이 됐어. 주인은 기겁을 해서 뒤로 나자빠지고, 스님이 차근차근 설명을 해 주니까,

"아이고, 그깟 나락 세 송이 때문에 삼 년씩이나 소로 만드셨어요?"

하고 탄식을 해. 스님은 허허 웃으며,

"소승은 어렸을 때 절간에서 쌀을 씻다가 쌀알 한 개 흘린 죄로 삼 년 동안 소가 되어 일한 적도 있소이다. 거기에 비하면 아무것도 아니지요."

했단다. 상좌가 그 뒤로 또 곡식을 건드렸겠어, 안 건드렸겠어?

소가 된 상좌, 《전북민담》 받아 쓰기 → 고쳐 쓰기

이 이야기 끝에 "너희들이 오늘 버린 밥알로 치면, 소가 되어 평생 일을 해도 모자라. 안 그래?" 하고 한마디 보태어도 좋겠다. 그다음 다른 잔소리를 안 해도 아이들은 '곡식이나 음식을 함부로 버리거나 상하게 하는 것은 죄가 된다'는 것을 마음에 담아 두게 된다. 옛사람들이 아이들을 가르친 방법도 이랬다.

이야기 듣고 글 쓰기

아이들에게 이야기를 들려주고 나서 '이 이야기를 듣고 뭘 배웠느냐' '이야기 주제가 뭐냐'고 꼬치꼬치 캐묻는 일은 전혀 필요 없다. 그렇게 해서 이야기를 더 잘 이해하느냐 하면 그렇지 않다. 오히려 이야기가 지겨워질 뿐이다. 맛있는 음식을 먹은 뒤에 누가 와서 '이 음식은 뭘로 만들어졌는지 알아보라' '어떤 영양분이 들어 있느냐'고 캐물으면 얼마나 귀찮겠는가. 음식 맛이 싹 달아나지 않겠는가? 음식 맛이란 음식을 먹는 사람이 혀로 느껴야지, 누가 가르쳐 주어서 머리로 알아내는 것이 아니다. 이야기도 마찬가지다. 이야기에 들어 있는 가르침은 가슴으로 느껴서 받아들여야지, 머리로 알아내는 것이 아니다.

그러면 이야기를 들려주고 난 뒤에는 아무 일도 하지 말아야 하는가? 그런 것은 아니다. 이야기를 듣고 난 다음에는 누구든지 '야, 그것 참 재미있다' '에이, 내가 주인공이었다면 그렇게 하지 않고 이렇게 할 텐데' 하는 생각쯤은 다 하게 되는데, 이런 생각을 여러 가지 방법으로 나타내 보는 것은 좋은 일이다. 마치 음식을 먹고 나서 음식 맛이 좋다느니 양념을 너무 많이 쳤다느니 하는 말을 하는 것처럼.

아이들에게 이야기를 들려주고 나서 느낌이나 자기 생각을 말할 수 있는 기회를 주는 것은 좋다. 다만 무슨 말이든지 자유롭게 할 수 있도록 하고 이야기꾼이 노린 것과 전혀 다른 생각을 말해도 참을성 있게 듣고 존중해 주어야 한다. 줄거리를 다시 간추려서 말하게 한다든가 주제를 알아보는 일 따위는 삼가고 그저 들은 느낌을 생각나는 대로 말하게 해야 한다. 위에 든 '소가 된 상좌'를 들려준 다음 이야기를 나눈다면 이런 정도가 되겠지.

이야기꾼 : 이 이야기는 어때?

아이1 : 재미있어요.

아이2 : 별로 재미없어요.

이야기꾼 : (아이 2에게) 그래, 나도 이 이야기를 처음 들을 때는 별로 재미없더라. (아이 1에게) 그런데 상좌가 너무 불쌍하지?

아이1 : 예. 스님이 너무해요. 벼이삭 세 개 끊었다고 어떻게 그런 벌을 줄 수가 있어요?

아이2 : 아니야. 그 스님도 쌀알 한 개 흘렸다고 삼 년 동안 소가 됐잖아.

아이1 : 그러면 그 스님의 큰스님도 너무하신 거지.

이야기꾼 : 그러나 저러나 난 이제 큰일났다.

아이2 : 왜요?

이야기꾼 : 오늘 아침밥 먹다가 밥알을 다섯 개도 더 흘렸는데, 그럼 난 어떻게 되는 거지?

아이1 : 하하, 그럼 선생님(아버지,어머니)도 소가 되겠네요.

아이2 : 아니야. 그냥 이야긴데 뭐.

이야기를 들려주고 난 다음에 시간이 있으면 자기 생각을 글로 써 보게 하는 것도 좋다. 이야기를 듣고 글을 쓰는 방법에는 여러 가지가 있는데, 대충 살펴보아도 다음과 같은 것이 있다.

1. 이야기 덜 듣고 뒷이야기 꾸며 쓰기
2. 이야기 다 듣고 뒷이야기 꾸며 쓰기

3. 앞뒤 이야기 듣고 가운데 꾸며 쓰기

4. 이야기 다 듣고 느낌이나 생각 쓰기

이 중에서 이야기 꾸며 쓰기(1~3)는 될 수 있는 대로 자주 하지 않는 것이 좋다. 옛이야기는 오랜 세월 동안 여러 사람이 만들어 퍼뜨린 것이므로 이미 나름대로 줄거리의 완성도가 높다. 이것은 그대로 들려주고 들으면 된다. 굳이 다른 이야기로 꾸며 봤자 더 나은 이야기가 되는 것도 아니다. 실제로 초등학교 쓰기 교과서에는 이야기 꾸며 쓰기 과제가 자주 나오는데, 이것은 힘들인 데 비해 별 효과가 없는 방법이다. 공연히 아이들에게 머리로 꾸며 쓰는 글버릇을 들일 위험만 있을 뿐이다.

따라서 이야기를 들려준 다음에는 자기 생각을 글로 써 보게 하는 정도(4)로 충분하다. 이때에는 재미있다, 우습다는 느낌뿐 아니라 주인공의 생각이나 행동을 요모조모 따져 보고 자기의 독특한 생각을 쓰게 하는 것도 좋겠다. 여기 보기를 들어 보인다.

옛날에 두 사람이 살았는데, 어릴 때부터 참 다정하게 지냈어. 콩 하나가 생겨도 혼자 안 먹고 둘이 나누어 먹을 만큼, 그만큼 친하게 지냈더라 이 말이야. 둘이 서로 약속하기를,

"우리 나중에 커서 내가 잘되면 너를 도와주고, 네가 잘되면 나를 도와주고 해서 같이 잘 살자."

하고 철석같이 약속을 했어.

둘이가 잘 커서 나이가 차니까 장가도 가고 했는데, 서로 멀리 헤어졌어. 그리고 세월이 많이 흘렀는데, 그중 한 사람이 참 가난하게 살아. 과

거를 몇 번 보아도 자꾸 떨어지고, 살림은 점점 쪼들리고, 나중에는 먹을 것도 없어서 온 식구가 굶을 판이야. 그래서 아내보고,

"내가 어렸을 때 서로 도와주기로 약속을 한 친구가 있는데, 이제 그 친구를 찾아가 봐야겠소."

하니까, 그 부인이 돈이 없어서 머리카락을 잘라 팔아서 노자를 만들어 줬어. 그걸로 노자를 해 가지고 친구를 찾아가는 거지.

어떻게 물어물어 한양 사는 친구 집까지 갔는데, 가 보니 과연 친구는 잘 살아. 고래등 같은 큰 기와집에서 하인도 여럿 거느리고 참 잘 살더란 말이야. 이 사람이 찾아가니 옛 친구가 왔다고 얼마나 반가워하는지 몰라. 그래서 둘이 반갑게 인사를 하고 나서, 이 가난한 친구가,

"자네가 잘 사는 것을 보니 참 반갑네. 그런데 나는 어찌 운이 없는지 먹고살 양식도 없는 형편이라네. 그래서 마누라 머리카락을 잘라 팔아서 노자를 해 가지고 오는 길일세."

하고 신세타령을 했어. 그러니까 잘 사는 친구가,

"그러면 진작 오지 왜 이제야 왔는가? 아무 걱정 말고 여기서 며칠 묵어 가게."

하고서 참 극진히 대접을 하더란 말이야. 한 며칠 잘 대접을 받고 나서,

"이제 그만 가 봐야겠네. 먹고살 양식이나 사게 돈 몇 푼만 꾸어 주게."

하니까, 아 글쎄 이 친구가 돈은 안 주고 종이를 한 장 주네. 가만히 보니까 황새가 한 마리 그려져 있는 종이란 말이야. 그걸 주면서 잘 가라고 해. 가난한 친구가 그걸 턱 받아 들고 들여다보니까 기가 막히거든.

"여보게. 우리가 어렸을 때 어려우면 서로 도와주기로 약속을 해서, 내 그것을 믿고 자네를 찾아왔는데, 당장 돈 한 푼이 아쉬운 사람한테 돈

은 안 주고 그림을 주면, 이 그림을 가지고 내가 어떻게 살아가란 말인가?"

하고 원망을 했어. 그러니까 이 잘 사는 친구가,

"아 참, 내 그 그림을 어떻게 쓰는지 가르쳐 주지 않았네그려. 돈이 없어서 고생스러울 때마다 회초리로 황새 다리를 한 번씩 치게나. 그러면 좋은 일이 생길 걸세."

이러거든. 무슨 영문인지는 모르지만 좋은 일이 생긴다니까 그걸 가지고 나섰어. 그런데 그림을 준 친구가 또 신신당부를 해.

"여보게. 아무리 돈이 궁해도 하루에 한 번씩만 황새 다리를 쳐야 하네. 하루에 꼭 한 번씩일세."

그래서 그러마 하고, 서로 작별 인사를 하고 길을 떠났어. 가다가 생각해 보니, 이것 참 궁금하거든. 이게 뭐기에 돈도 안 주고 이걸 주면서 회초리로 치면 좋은 일이 생긴다 했을까 싶어서, 종이를 펴 놓고 회초리로 황새 다리를 딱 때려 봤어. 그랬더니, 아 글쎄 황새 궁둥이에서 돈 꾸러미가 '떨꺽' 하고 떨어지는 거야. 그것 참 신기하거든. 그래서 그만 집에는 가지 않고 한양 주막에서 실컷 돈을 쓰면서 놀아요. 돈 떨어지면 그림을 펴 놓고 황새 다리만 딱 때리면 돈 꾸러미가 나오니, 이거 뭐 돈을 아주 흥청망청 쓰는 거지. 그래서 매일같이 술 먹고 노는데, 나중에는 그것도 모자라서,

'이거 뭐 하루에 한 번 때려 가지고야 언제 돈을 실컷 써 보나. 아예 푸짐하게 때려 가지고 돈 나오는 대로 실컷 쓰고서 집에 가야겠다.'

하고서는, 그림을 펴 놓고 황새 다리를 아주 불이 나게 때려. 때리니까 돈 꾸러미가 철컥, 철컥, 철컥, 자꾸 떨어져. 아 그러다가 한 스무 번 때리니

까 황새 다리가 그만 뚝 부러지네. 그리고는 돈이고 뭐고 아무것도 안 나와.

이 사람이 남은 돈을 다 쓰고서는 또 친구를 찾아갔지. 가서는,

"아, 이 사람아. 내가 망령이 나서 자네 시키는 대로 안 하고 여러 번 때리다가 그만 황새 다리를 분질러 놨네. 이걸 어쩌면 좋은가?"

하니까, 친구가 하는 말이,

"내 그럴 줄 알았다."

하고는, 또 며칠 동안 대접을 잘해. 잘 얻어먹고 가려고 하니, 이번에는 항아리가 그려진 종이를 줘요. 주면서 하는 말이,

"돈이 궁하거든 이 항아리를 똑똑 두드리는데, 제발 이번에는 하루에 한 번씩만 두드려야 하네."

이러거든. 그러마 하고 가지고 오다가, 그림을 펴 놓고 항아리를 똑똑 두드리니까 항아리 주둥이에서 돈 꾸러미가 툭 튀어나오네. 이 사람이 또 그놈을 가지고 주막에서 퍼질러 앉아서 먹고 놀아. 제 버릇 개 못 준다고, 몇 날 며칠을 먹고 놀다 보니까 또 욕심이 생겨서, 에라 모르겠다 하고 항아리를 자꾸 두드렸어. 돈이 투깍, 투깍 하고 나오다가 이것도 한 스무 번 두드리니까 그만 항아리가 폭삭 깨져 버렸네. 그래 놓고 이 사람이 또 친구를 찾아갔어.

"이 사람아. 내가 또 항아리를 깨뜨려 버렸네. 어쩌면 좋은가?"

"그래, 내 그럴 줄 알았다. 그런데 이번에는 꼭 시키는 대로 해야지, 만약 또 실수했다가는 자네하고 나하고 다 죽을 테니깐 그리 알게."

"이번에는 어떤 일이 있어도 내 약속을 꼭 지킴세."

그래서 또 그림을 한 장 받았는데, 이번에는 돈 궤짝이 그려진 그림이

야.

“이걸 가지고 집으로 곧장 가서, 하루에 한 번씩만 손을 넣어야 하네. 하루에 꼭 한 번씩만.”

신신당부를 해요. 그러마 하고 오는데, 이 사람이 또 집에 안 가고 주막에 가서 놀아. 그림을 펴 놓고, 돈 궤짝에 손을 넣으면 돈이 한 꾸러미씩 나오거든. 그걸 가지고 술 먹고 놀다가, 하루는 이 사람이,

‘이거 도대체 돈이 얼마나 들어 있기에 이렇게 나오는지 모르겠다. 시험을 한번 해 봐야지.’

하고서는 손을 자꾸 집어넣으니까, 이거 뭐 돈 꾸러미가 밑도 끝도 없이 자꾸 나와. 이제는 스무 번 아니라 서른 번, 마흔 번 해도 돈 궤짝이 깨지길 하나, 부러지길 하나. 자꾸자꾸 손을 집어넣는 대로 돈이 나오는 거지.

이때, 나라에 큰 창고가 하나 있는데, 이 창고에서 꼭 하루에 돈이 한 꾸러미씩 없어지거든. 그래도 워낙 창고가 크고 돈이 많아서 표가 안 나. 그런데 하루는 창고 지키는 사람이 보니까, 창고 안에서 돈이 쩔렁쩔렁 날아가더래. 돈 꾸러미가 하나둘도 아니고 수십 개, 수백 개가 쩔렁쩔렁 날아가는데, 지붕 굴뚝으로 해서 하염없이 날아가는 거야. 돈이 돈을 따라서 줄줄이 달려 올라가는 거지.

그래서 창고 지키는 사람들이 그 돈을 따라가 봤대. 그랬더니, 어느 주막 안으로 쩔렁쩔렁 들어가는 거야. 따라가 보니, 웬 사람이 앉아서 돈 궤짝 그려 놓은 종이를 펴 놓고 손을 불쑥불쑥 넣으면서,

“어이쿠, 또 나온다. 어이쿠, 또 나온다.”

이러면서 돈을 꺼내고 있잖아. 옆에는 돈이 산더미처럼 쌓여 있고.

그래서 나랏돈 훔치는 도둑이라고 꽉 붙잡아서 오라를 지웠어. 그리고 관청에 끌고 갔지. 끌고 가서 문초를 받는데,

"네 이놈! 어디서 그런 재주를 배웠느냐?"

하고 바른 대로 대라고 곤장을 치니까, 이 사람이 그동안 있었던 일을 죄다 말했어. 그러니까 그림을 그려 준 친구도 같이 잡혀 왔지 뭐야. 둘을 잡아 놓고,

"너희들은 나랏돈을 훔쳐 냈으니 살려 둘 수 없다."

하고서 둘 다 사형 선고를 내렸어. 친구 말대로 이제는 둘 다 죽게 생겼거든.

"그러게 이 사람아, 내가 뭐라고 시켰나? 하루에 한 번씩만 꺼냈으면 자네네 식구 잘 살았을 게 아닌가?"

"내가 잘못했네. 다시는 안 그럼세."

"다시는 안 그러고 뭐고 이제는 죽을 판일세."

사형 날짜가 되어서 둘이 끌려 나왔어. 형장으로 끌려가서 이제 곧 죽을 판인데, 그림을 그려 준 친구가 사정을 해.

"죽기 전에 그림을 한번 그리고 죽게 해 주시오."

죽을 사람 소원인데 누가 안 들어주겠어. 큰 종이에다가 붓하고 먹하고 갖다 주니까, 이 친구가 종이에 말을 한 마리 그려. 하얀 말을 한 마리 그리고, 채찍을 그리더니, 갑자기 붓을 집어 던지고는 친구더러,

"자네, 나를 꼭 붙잡게."

하고서, 그림 속의 말 잔등에 얼른 올라타고,

"백마야, 가자."

하고 채찍으로 한 번 때리니까 말이 펄펄 살아서 '히힝' 하고 공중으로 떠

올라. 그래서 휭하니 하늘로 올라갔어. 그다음은 어떻게 됐는지 나도 몰라.

소원을 풀어 주는 그림, 〈한국의 민담〉 받아쓰기 → 고쳐쓰기

꽤 긴 이야기다. '세 번 시도하기'의 전형이 되는 이야기라고 할 수 있는데, 주제는 권선징악 쪽이 아니라 친구 간의 우애 쪽에 초점이 맞추어져 있다. 그래서 한 사람이 지나친 욕심을 부렸는데도 벌을 받지 않고 끝내 잘 풀린다. 보통은 이만큼 욕심을 부리면 패가망신하게 되어 있는데 그렇지 않은 것은, 욕심을 부린 친구보다 그렇게나 속을 썩이는 사람을 끝까지 도와주는 친구의 의리를 드러내려고 했기 때문이다.

그러나 이 이야기에는 몇 가지 문제가 되는 부분이 있다. 가난한 친구를 돕기 위해서 나랏돈을 훔쳐 내는 일이 과연 옳은 일이냐 하는 것과, 그렇게도 욕심을 버리지 못하는 친구를 끝까지 도와주어야 옳은가 하는 점이다. 혹시 나랏돈이 부당한 방법으로 백성들에게 긁어모은 돈이라는 암시가 있으면 또 모르지만, 그렇더라도 한 사람을 돕기 위해 공공의 재산을 훔치는 일은 아무래도 석연치 않다. 또 친구 간의 의리라고 하는 것이 그저 옳든 그르든 도와주기만 해서 되느냐 하는 문제도 있다.

그래서 이 이야기를 들려주고 난 다음에 '내가 이 이야기의 주인공이었다면 어떻게 했을까?' 하는 의문을 갖게 하고 글을 쓰게 했다. 그래서 나온 글을 몇 편 들어 본다.

오늘 무척 재미있는 이야기를 들었다. 그런데 이야기 속에 나오는 사람들은 모두 잘못했다. 두 사람도 잘못했고, 벌을 준 사람도 잘못했다.

두 사람은 나라의 돈을 훔쳐 놓고 그에 마땅한 벌을 받지 않고 달아나 버렸다.

말 그림을 그려서, 그 말을 타고 멀리 달아났다고 하는데, 그런 재주가 있으면 나라를 위해서 써야 할 텐데 그러지 못했다. 어려서 가난한 사람을 도와야 한다고 약속을 해서, 한 친구는 도와주었다. 그런데도 다른 친구는 그 돈을 다 써 버리고 결국 감옥에 갇혔다. 그리고 벌을 준 사람은 무턱대고 사형시키려고 한 것도 잘못이다. 그 돈을 무르든지 아니면 매질을 할 것이지.

나는 이 이야기 전부가 잘못되었다고 생각한다. 꾸며 낸 이야기라도 잘못되었다. 두 사람이 나라의 돈을 훔친 죄를 지었는데 거기에 대한 벌을 받지 않았기 때문이다. 내가 이 이야기를 지었다면 맨 끝에 두 사람은 곤장 60대씩 맞고, 재주 있는 사람은 재주가 없어지고, 도움을 받은 친구는 돈을 많이 쓰는 버릇을 고치고 가난하게 살았다고 마무리를 짓겠다.

— 대구 감삼초등학교 6학년 양소영

이 이야기에 나오는 사람이 좀 모자란 것 같다. 친구가 한 번씩만 꺼내어 쓰라고 했으면 한 번씩만 꺼낼 일이지, 왜 그렇게 많이 꺼내는 걸까. 나라도 그렇게 했겠지만 한 번이 아니라 여러 번을 그렇게 하지는 않을 것 같다. 내가 이 이야기에 나오는 사람이라면 먼저 친구에게 이 돈이 어디서 나오는 건지 물어보고 쓰겠다. 또 이 사람처럼 집에 가는 길에 꺼내어 보는 것이 아니라 고향에 돌아와서 아내와 같이 꺼내도록 하겠다. 하루에 한 번씩만 꺼내어 써도 충분히 먹고살 수 있는데 뭐 때문에 그렇게 한 건지 모르겠다.

이 이야기에 나오는 친구의 정체가 의심스럽다. 보통 사람이라면 그런 기술이 없었을 것이다. 내 생각에는 이 친구가 하늘나라 사람인 것 같다. 그것도 높은 자리에 있는. 그런데 어떤 죄를 지어서 그 죄로 사람으로 태어나게 된 것 같다. 그래서 나라의 세금이 부당하게 많은 것 같아서, 그곳에서 돈을 꺼내서 큰 부자가 된 것이다. 또 이 친구는 나중에 이렇게 될 줄 알고 친구를 사흘 동안 잡아 두다가 그림을 그려 주고, 또 친구가 그렇게 낭비하는 생활을 하는 동안 자신이 짊어지고 있던 죄가 풀려서 나중에 백말을 타고 하늘로 올라간 것이라고 생각한다. 또 내 생각에는 하늘로 올라가다가 친구의 부탁으로 고향에 가서 조그만 백말을 만들어서 부인을 태우고 하늘로 올라갔을 것이다. 그 후 하늘에서 행복하게 살았을 것이다.

—경북 덕산초등학교 6학년 최규한

둘의 우정은 아주 깊은 것 같다. 가난한 친구는 자기 친구만 믿고 자꾸 찾아가고, 부자 친구는 계속 그림을 그려 친구를 도우려 했으니까 말이다.

그러나 가난한 친구가 그 종이만 의지하고 살아가는 것이 한심스럽다. 친구의 당부도 잊고 돈을 건지다가 못 쓰게 된 것이 아깝기도 하지만 욕심은 끝이 없는가 보다.

나라의 보물 창고에는 백성들이 세금으로 낸 돈이 그렇게 많다니 알 수 없다. 백성들은 보통 가난한데, 그렇게 많이 쌓아 놓고 백성들을 위해 안 썼을 테니까 그렇게 많지. 그것은 백성을 위하는 마음이 없고 돈에 미친 관리가 있기 때문이다. 또한 끝 부분에서 사형당하기 직전에 그림에서 나타난 백마를 타고 도망갔다는 것은 죄를 짓고 도망가는 죄인과 다를 바 없다.

—경북 옥포초등학교 5학년 강순화

난 언니들에게도 맛있는 음식이 있으면 나누어 먹지 않고 나 혼자 먹으며, 언니가 아파도 위로 한번 해 주지 않는데, 친구와 그렇게 사이좋게 지내다니 정말 놀랍다. 이 이야기를 들으니 정말 친구 간에 우애가 깊다는 걸 알았다.

그리고 가난한 친구는 정말 욕심이 많다. 아무리 일을 해도 돈이 안 벌어져도 더 열심히 일하면 부자가 될 텐데…….

또 도사가 된 친구는 친구와 아무리 우애가 깊다 해도 자기가 돈을 벌게 깨우쳐야 할 텐데, 돈을 벌지 않게 하고 자기가 돈을 주니 가난한 친구는 더 욕심이 생긴 것 같다.

—경북 옥포초등학교 4학년 박윤진

재미있는 이야기를 들었다. 내가 만약 친구를 도와준 사람이었다면 친구가 한 번 이상 약속을 지키지 않으면 그다음부터는 도와주지 않았을 것이다.

아무리 친한 친구라고 하더라도 약속을 지키지 않는 친구를 믿는 건 어리석다. 그 친구 때문에 자기 자신도 죽을 수 있는데, 너무 무모한 짓이라고 생각한다.

그리고 친구를 도와준 것은 좋은 일이지만 도와준 방법이 옳지 않다고 생각한다. 아무리 남을 도왔다고 해도 나랏돈을 빼낸 것은 죄를 받아야 하기 때문이다.

그리고 도움을 받은 친구도 옳지 않다고 생각한다. 친구가 신신당부를 했는데도 세 번이나 약속을 어겼으며, 나중에는 자신을 도와주려 했던 친구까지 위험에 빠뜨린 점에서 믿을 사람이 못 되는 것 같다. 그리고 가난에 허덕이는 가족을 등 뒤로 하고 술을 마신 건 책임감이 없다고 본다.

— 대구 감삼초등학교 6학년 원미경

나는 이 이야기에서 못사는 친구가 잘못하였다고 생각한다. 자기 머리를 잘라 여비를 마련해 준 부인은 생각하지 않고 돈에 욕심을 내고 집에 가지 않았기 때문이다. 그러나 그의 친구는 더 잘못했다고 생각한다. 왜냐하면 친구를 도와주는 것은 고맙지만 그 돈은 자기 돈이 아니고 나라의 돈, 즉 백성들이 낸 세금이다. 그 친구가 부자가 된 것도 자기가 노력하지 않고 나라의 돈을 빼돌린 것이 아니겠는가?

이 이야기를 듣고 난 후 문득 요즘 자주 일어나는 세무 비리 사건이 생각난다. 이 이야기에 나오는 친구나 세무 비리를 저지른 사람이나 모두 자기가 노력한 대가로 잘 사는 것이 아니라, 국민의 피땀으로 돈을 마련해 낸 세금을 빼돌린 것은 마찬가지다. 이런 사람들은 큰 벌을 받았으면 좋겠다.

— 경북 청도초등학교 6학년 전지영

공부를 많이 해서 부자가 된 친구가 가난한 친구를 도와주는 마음은 참 아름답다고 생각했다. 하지만 미안한 마음도 가지지 않고 친구에게 도움을 얻으려고 하는 사람이 너무나 얄밉다고 생각했다. 더구나 자기가 일하려고 하지 않고 노력이 없는 것도 내 마음에 들지 않았다.

가난한 친구는 그림의 궤짝 뚜껑을 한 번만 열어야 하는데 욕심 때문에 두 번, 세 번씩 마구 열었다. 처음에는 나도 이 친구가 나쁘다고 생각하였다. 하지만 잘 생각해 보니 보통 우리도 이 친구처럼 욕심을 가지게 된다고 보았다. 5학년 사회책에도 "사람의 욕망은 끝이 없다"라고 되어 있다.

마지막에 사형에 처하려 할 때 백마를 그려 친구를 원망하지도 않고 함께 도망을 가는 것이 참으로 아름답고 우정이 깊다고 생각하였다.

—경북 옥포초등학교 5학년 고진혜

이야기를 듣고 친구 사이의 우정을 깨달았다. 비록 잘못을 했어도 너그럽게 용서하고 다시 그림을 그려 주는 도사는 친구의 생각을 잘 알아주는 것 같다. 또 죽는 날까지도 우정을 잊지 않고 같이 도망간 것을 보고 놀랐다. 자기 혼자만 도망가면 될 것인데 말이다.

그러나 한 가지 도사가 나빴다고 생각하는 점이 있다. 창고에 쌓아 둔 백성의 돈을 빼돌린 것이다. 친구의 우정이 아무리 깊다지만 백성들이 피땀 흘려 번 세금을 빼돌리면 되겠는가? 요즘도 공무원이 세금을 빼돌려 난리가 나고 있는데 도사도 이런 사람들과 다를 게 뭐 있겠는가? 도와주려고 해도 다른 방법으로 도와주면 친구의 우정은 뜻깊게 될 거라고 생각한다.

—경북 옥포초등학교 5학년 박희범

부자 친구는 마법사같이 그림을 그리면 실제로 움직이니까 신기하고, 가난한 친구는 부자 친구가 경고를 했는데도 약속을 지키지 않는 걸 보니 평소에 약속을 잘 어기는 사람 같다. 어릴 때 어느 쪽이 가난하든지 도와주기로 했지만 약속을 자꾸 어기는 친구는 욕심과 호기심이 많아서 그 버릇을 고쳐야 할 것이다.

두 친구 다 결혼을 해서 부인이 있을 것인데, 가난한 친구는 집에는 돌아오지 않고 부인이 걱정을 많이 하게 한 것 같다. 또 부자 친구는 가난한 친구가 자꾸 약속을 어겼는데도 그림을 주었다. 내가 만약 부자 친구였다면 가난한 친구가 약속을 어기면 나는 그 친구에게 더 이상 그림을 주지 않았을 것이다.

금 상자가 그려져 있는 종이에 가난한 친구가 하루에 손을 한 번씩만 넣어서 돈주머니를 꺼내면 들키지 않았을 것이다. 가만히 생각해 보면 두 친구는 도둑질을 하였다. 부자 친구가 그 그림을 가난한 친구에게 그려 주었다. 그 부자 친구는 관아에 있는 돈주머니가 사라질 것을 알고 가난한 친구에게 그 그림을 주었을 것이다. 그래서 그 짓은 도둑질이고, 가난한 친구는 그 사실을 몰랐지만 돈주머니가 욕심이 나서 자꾸만 꺼낸 것도 도둑질이라고 볼 수 있다.

두 친구 다 부자였으면 서로 친구에게 부탁할 일도 없고 이런 일도 없이 각자 자기 부인이랑 행복하게 살았을 것이다. 나는 가난한 친구가 왜 약속을 어겼을까 하는 생각이 든다. 내가 가난한 친구였다면 그 부자 친구 말대로 돈을 하루에 한 번씩만 꺼냈을 것이다. 가난한 친구가 욕심도 없고 호기심도 많지 않았으면 하는 생각도 든다. 옛날에 진짜로 그런 일이 있었는지 모르겠지만, 그런 일이 진짜로 있었으면 좋겠다는 생각도 든다. 그리고 부자 친구는 참 놀라운 재주를 가진 것 같다.

— 대구 남부초등학교 5학년 최서윤

나는 이 이야기에 나오는 가난한 친구가 정말 욕심쟁이인 것 같다. 왜냐하면 참새 다리도 부러뜨리고 항아리도 깨고 상자도 깨기 때문이다. 그래서 나는 이 사람 궁둥이를 펑펑 때려 주고 싶다. 그리고 또 그 부자 친구는 정말 착하다고 생각한다. 아마 나는 내 친구가 그랬다면, 한 번 깨고 나면 "왜 깼어?" 하면서 성질을 내고 쫓아낼 것이다.

그리고 내 생각에 이 부자 친구 재주는 정말 말도 안 되고 신기하다. 왜냐면 이 부자 친구가 그림을 그리기만 하면 다 진짜가 되고 돈도 나오기 때문이다. 그리고 난 이 이야기가 정말 재미있다. 이런 비슷한 이야기가 많이 나왔으면 좋겠다.

그리고 부자 친구 부인이랑 가난한 친구 부인은 이상할 것이다. 왜냐하면 남편들이 말도 안 하고 사라졌기 때문이다. 특히 가난한 친구 부인은 자기 남편이 며칠 동안 집에도 안 들어오다가 딱 오자마자 갑자기 관청에 잡혀가서 더 어이없었을 것이다.

— 대구 남부초등학교 5학년 김해진

이야기 듣고 그림 그리기

이야기를 들으면서 장면을 머릿속에 떠올려 보면 재미있다. 재미있을 뿐 아니라 상상의 힘을 키우는 데도 효과가 있다. 이렇게 머릿속에 떠올린 장면을 그림으로 그려 보는 것도 재미있는 일이다. 똑같은 이야기라도 듣는 사람마다 떠올리는 장면이 다르기 때문에, 그림을 그리고 나서 서로 견주어 보는 일도 좋다. 남이 상상한 세계를 들여다보면서 생각의 틀을 넓힐 수 있기 때문이다.

이야기 그림을 그릴 때에는 덜 듣고 그리는 것보다 다 듣고 나서 그리는 것이 좋다. 덜 듣고 그림을 그리려면 뒷이야기를 나름대로 꾸며 내야 하는데, 이때 너무 허황한 생각이 스며들면 오히려 상상의 힘이 줄어든다. 이야기를 듣고 머릿속에 장면을 떠올리는 것과 이야기를 꾸며 내면서 장면을 떠올리는 것은 매우 다르다. 앞의 것은 근거를 가지고 상상하기 때문에 자유로우면서도 짜임새 있는 생각을 짜맞출 수 있는데, 뒤의 것은 근거 없는 공상이 될 소지가 있다. 근거 없는 공상은 생각을 한군데로 모으지 못하고 흐트러뜨리기 때문에 오히려 상상의 힘을 약하게 만든다. 상상의 힘이란 그저 막연하게 '그러려니……' 하고 이것저것 마구 생각하는 힘이 아니라, 짜임새 있는 생각의 틀을 만드는 힘이다.

먼저 이야기를 들려준 다음에, 들은 이야기를 다시 떠올리면서 재미있는 장면을 찾게 한다. 그리고 생각나는 장면을 그림으로 그려 보게 하면 된다. 이때 책에서 본 삽화나 만화가 생각 속에 끼어들지 않도록 '머릿속에 떠오른 장면'에 충실할 것을 일러 줘야 한다. 보기를 하나 들어 보이겠다.

옛날 옛날에, 할아버지 두 분이 한동네에 살았더래. 한 할아버지는 찢어지게 가난하게 살고, 한 할아버지는 아주 부자거든. 가난뱅이 할아버지는 왜 가난한고 하니, 무엇이든지 생기면 생기는 대로 남에게 다 줘. 쌀이 생기면 저보다 더 가난한 사람에게 주고, 옷이 생기면 저보다 더 불쌍한 사람에게 준단 말이야. 이러니 뭐 재산을 모을 수 있겠어? 그런데 부자 할아버지는 왜 부잔고 하니, 무엇이든지 생기면 생기는 대로 다 챙겨. 한번 손에 쥐면 놓지를 않아. 남이 가지고 있는 것도 탐이 나면 얻든지 빼앗든지 해서 다 가져. 그러니 재산이 많지.

한 해는 흉년이 들었는데, 가난뱅이 할아버지는 그나마 먹고살 양식이 떨어졌어. 그래서 하는 수 없이 부자 할아버지를 찾아갔겠다.

"거 보리쌀 있으면 좀 꾸어 주시오. 보리가 익으면 베서 돌려드릴 테니."

"그러시오."

부자 영감이 웬일인지 선선히 보리쌀 한 가마를 꾸어 주는데, 아 집에 와서 보니 반 넘어 모래에다 보릿등겨가 섞여 있잖겠어. 먹을 만한 보리는 반도 안 돼. 그래도 어째. 그걸로 끼니를 때우고, 이제 여름이 되어 보리를 베 가지고 한 가마를 갚았지. 모래도 겨도 안 섞고 잘 익은 걸로.

그런데 이 부자 영감이 뭐래나 하면, 이자로 보리쌀 두 가마를 더 내라는 거야 글쎄. 웬일로 선선히 꾸어 줄 때 알아봤지. 가난뱅이 할아버지가 기가 막혀,

"보리쌀 두 가마 주고 나면, 나 먹고살 양식도 없는데 어떡하우?"

하니까,

"그건 댁의 사정이지. 정 양식이 없으면 나무라도 해다 주시오. 올여름내 하루 한 짐씩."

이러거든. 할 수 없이 그날부터 나무를 한 짐씩 해다 줬어. 그렇게 사는데, 하루는 나무를 해다 주고 집에 오니까, 웬 허름한 노인이 와서 하룻밤 재워 달라네. 이 노인이 부자 영감네 집에 갔다가 퇴짜를 맞고 오는 길이거든.

"아이고, 누추하지만 어서 들어오시오."

하고 잘 대접을 했대. 밥도 짓고, 반찬도 있는 대로 정성스럽게 차려서 잘 대접을 하고, 이부자리 펴서 재우고, 아 아침에 일어나 보니 이 손님이 온

데간데없네. 자던 자리에 부채만 두 개 덜렁 놓여 있고 말이야. 가만히 보니까, 하나는 빨간 부채고 하나는 파란 부채야.

"아이고, 이 손님이 부채를 두고 갔네."

부채를 들고 나가 보니 흔적도 없어. 다음에 찾으러 오면 줘야지 하고, 그날 그 부채를 들고 나무를 하러 갔거든. 나무를 하다가 날씨가 더워서 빨간 부채를 펴서 설렁설렁 부채질을 했어. 그러고 나서 세수를 하려고 냇가에 갔거든. 물속을 떡 들여다보니까 자기 얼굴이 비치는데, 아 글쎄 이게 웬일이야? 코가 이만큼 길어졌네.

'아이쿠, 내 코가 왜 이래?'

아무리 들여다보고 만져 봐도 이건 코끼리 코야. 어쩌겠어. 생긴 대로 살아야지 하고 그날 집에 와서 잤어. 자는데, 이번에는 파란 부채로 부채질을 설렁설렁 하다가 잠이 들었거든. 아침에 일어나서 세수를 하려고 우물에 갔더니, 물속에 얼굴이 비치는데, 이건 또 뭐야. 코가 없어졌어. 만져 봐도 밋밋해.

'아하, 이게 다 저 부채가 부린 요술이로구나.'

얼른 방에 가서 빨간 부채로 슬슬 부치니까 코가 다시 길어지네. 파란 부채로 부치면 짧아지고. 그것 참 신기한 부채지.

그날 또 부채를 들고 나무를 한 짐 해다가 부자 영감네 집에 갖다 주러 가니까, 이 영감이 부채를 보더니 탐이 나는지,

"아 그건 또 어디서 났어?"

하고 물어. 그래서, 이러이러해서 주웠는데 요술 부채라고 가르쳐 줬지. 영감이 빨간 부채를 빼앗아 슬슬 부치니까 정말로 자기 코가 막 길어지거든. 파란 부채로 부치니까 짧아지고. 욕심쟁이 영감이 그냥 있겠어?

저 달라고 떼를 써.

"아이구, 그건 안 돼요. 이건 내 것이 아니라 손님이 두고 간 거라서 찾으러 오면 돌려줘야 돼요."

해도 막무가내야. 나중에는 자기 집을 줄 테니 부채와 바꾸자는 거야. 안 된다고 해도 강제로 빼앗고는 집을 바꿨어. 가난뱅이 할아버지가 큰 기와집에서 살고, 부자 영감은 오막살이 초가집에서 사는 거지.

이 욕심쟁이 영감이 초가집에 드러누워서 생각을 하니, 이제는 떼돈을 벌겠다 싶거든. 이 사람, 저 사람 찾아 다니면서 빨간 부채로 몰래 코를 키워 놓고서는 파란 부채로 고쳐 주면서 돈을 벌면 얼마나 좋아. 그런 생각을 하면서 빨간 부채로 슬슬 부채질을 하니, 이 영감 코가 슬슬 길어지는 거지. 영감은 돈 벌 욕심에 기분이 좋아서 그것도 몰라.

"허허, 허허. 이제 온 나라 돈이 다 내 것이다."

이러면서 자꾸 부채질을 하니 코가 어찌 되겠어. 지붕을 뚫고 하늘로 올라가는 거지. 올라가다 올라가다 어디까지 갔느냐면 하늘나라 옥황상제 사는 대궐까지 갔거든.

옥황상제가 이렇게 뜰을 지나는데, 뭐 길쭉한 것이 꽃밭에서 쑥 올라오지 않겠어?

"여봐라. 저것이 무엄하게 꽃밭을 뚫고 올라오니 당장 묶어라."

그래서 사람들이 달려들어 나무에 꽁꽁 묶었어.

그때 이 영감은 부채질을 하다 말고 정신이 들었어.

'아이쿠, 그새 내 코가 지붕을 뚫고 올라갔네. 빨리 짧아지게 해야지.'

하고서는, 파란 부채로 막 부채질을 했겠다. 아 코끝이 하늘나라 나무에 묶여 있으니 어찌 되겠어? 코가 짧아지니 몸뚱이가 코에 매달려 하늘로 둥둥 떠올라가네.

'아이쿠, 이게 무슨 일이야?'

그때 옥황상제가 또 명령을 해.

"이제 그만하면 됐으니 풀어 주어라."

사람들이 달려들어 묶은 끈을 풀었어. 그러니 어찌 됐겠어? 그다음은 너희들이 생각해 봐.

빨간 부채 파란 부채, 들은 이야기, 떠올려 쓰기

이런 유형의 이야기는 매우 많이 전해 온다. 전하는 사람에 따라서 줄거리가 조금씩 다른데, 어떤 꼴의 이야기든 코가 하늘에 묶여서 몸뚱이가 둥둥 떠올라 가는 장면이 가장 재미있다. 권선징악을 주제로 하고 있지만 심각하지 않아서, 가벼우면서도 유쾌하게 이야기를 즐길 수 있다. 그래서 '가장 재미있는 장면을 그림으로 그려 보라'는 암시를 주어서 그림을 그리게 했다. 그래서 나온 그림을 몇 점 들어 본다.

경북 옥포초등학교 4학년 김동희

경북 옥포초등학교 4학년 김동영

요즘 세무청에서 일어나는 비리가 많다. 세상에 국민이 낸 세금을 도둑질하다니……. 옥황상제님은 이런 사람 안 잡아가고 뭐합니까? 이런 사람들을 이 부자처럼 벌을 받아 고생을 시켜서 죄를 뉘우친 다음에 지상으로 보내 주어서 세계에서 가장 위대하고 훌륭한 지도자로 만들어 주었으면 합니다.

경북 덕산초등학교 6학년 전지영

부자 영감탱이

얼레 꼴레리, 히히히.

천벌을 받아도 싸다. 이 영감탱이야. 부자 한 영감탱이가 더 부자가 되기 위해서 빨간 부채와 파란 부채를 가난한 농부에게 빼앗아 아니 재산과 바꾸어서 영감탱이 지가 한번 시범을 보인다고 빨간 부채를 마구 흔들어 댔다. 그 바람에 코가 키다리처럼 길어져서 마침내 옥황상제께서 계신 곳까지 올라갔다. 영감탱이는 다시 파란 부채를 흔들었다. 그런데, 코가 내려오는 것이 아니라 자기가 하늘로 올라갔다. 아이고 꼬시다. 멜롱.

이 영감탱이는 자기 죄를 뉘우치고 눈물 흘리며 하늘로 올라간다. 한편으론 불쌍하고 또 한편으론 잘됐다.

경북 덕산초등학교 6학년 오종숙

욕심쟁이 영감이 파란 부채로 코를 크게 하는 장면이다. 계속 계속 부치는 바람에 지붕을 뚫고 새를 깜짝 놀라게 하였다. 소문대로 정말 욕심꾸러기인 것 같다.

경북 덕산초등학교 6학년 김정옥

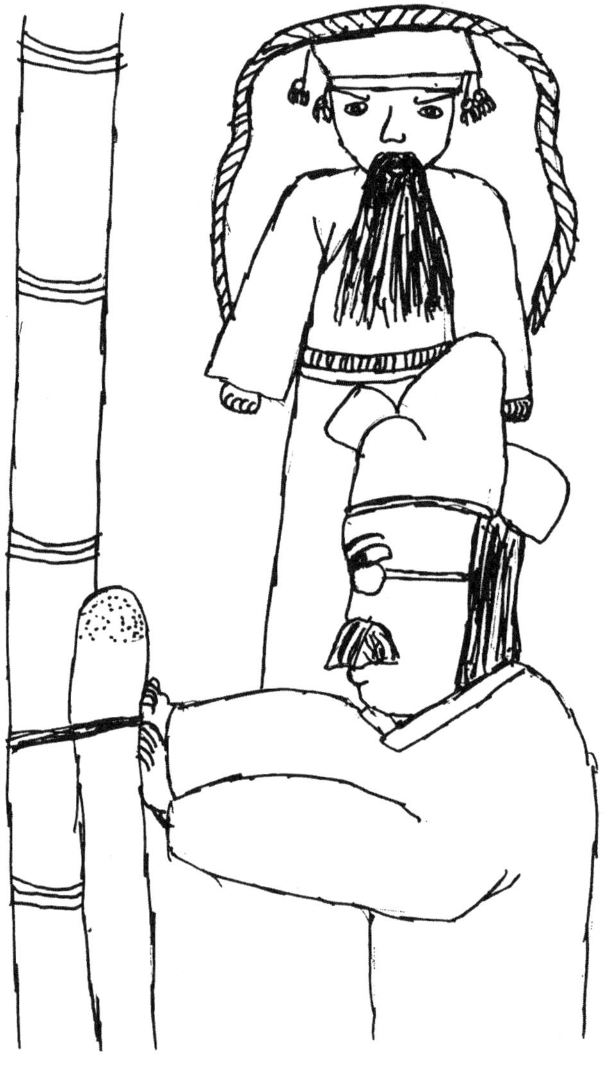

욕심쟁이 영감이 장난으로 파란 부채로 코를 크게 해서 하늘 높이 올렸다가 옥황상제가 사는 하늘나라까지 올라가 버렸다. 그래서 화가 난 옥황상제는 신하에게 코를 밧줄로 묶어 버리라고 해서 신하가 코를 기둥에 묶는 모습이다.

경북 덕산초등학교 6학년 이은미

욕심쟁이 아저씨가 가난한 아저씨의 부채를 뺏어 부채질하다가 코가 옥황상제의 궁궐까지 솟아올라서 나무에 코를 묶어 벌을 주고 있는 내용이다. 욕심쟁이 아저씨 이제부터 적당히 욕심 부리세요.

대구 덕인초등학교 5학년 박지민

매우 가난한 할아버지가 자신이 부채질을 한 후 거울을 봐서 놀란 장면

대구 덕인초등학교 5학년 박진화

글이든 그림이든, 그냥 쓰고 그리는 것으로 끝내 버리기보다는 여러 사람의 글과 그림을 서로 구경하면서 자기 생각과 견주어 보는 기회를 가지면 더욱 좋겠다. 이야기는 이야기꾼만의 것이 아니라 듣는 사람의 것이기도 하며, 이렇게 서로 생각을 견주어 보는 가운데 생각의 폭을 넓힐 수 있기 때문이다. 때에 따라서는 이야기 속 한 장면을 놓고 옳으니 그르니 서로 토론해 보는 것도 좋은 경험이 될 것이다.

이야기를 듣고 난 뒤에 하는 일은 어느 것이나 즐거워야 한다. 글이든 그림이든 하기 싫은 일을 억지로 시켜서는 안 된다. 이야기란 즐기자고 듣는 것이지, 뭘 억지로 배우자고 듣는 것이 아니기 때문이다.

옛이야기 열두 마당

이상한 냄비 | 은혜 갚은 고목 | 시아버지를 팔려다가 | 도깨비 도움으로 부자 된 나무꾼 | 구렁덩덩 신선비 | 조천석 이야기 | 재주꾼 세 사람 | 볍씨 한 알 | 바우와 잉어 | 중국 임금이 된 머슴 | 떡보의 수수께끼 맞히기 | 아기장수 우투리

이상한 냄비

옛날 어느 마을에 가난한 선비가 살고 있었거든. 그런데 이 선비는 밥만 먹으면 공부만 해. 그러니 집안일은 아무것도 몰라.

하루는 선비의 아내가 마당에다 우케(벼)를 죽 널어놓고 들일하러 갔거든. 일하다 보니 소나기가 쏟아져. 비를 맞고 집으로 돌아와 보니, 아 글쎄, 마당에 널어놓은 우케가 빗물에 몽땅 떠내려가고 없잖아. 선비는 비가 오는지 안 오는지도 모르고 방에서 글만 읽고 있었단 말이야. 아, 얼마나 화가 났겠어?

"아이고, 나도 이제 이 고생 하고는 못 살아요. 굶어 죽이든지 나가서 돈 벌어 오든지 맘대로 해요!"

이러니 선비인들 별수 있어? 돈 벌러 나섰지. 그런데 평생 글만 읽던 선비가 뭘 어떻게 돈을 버는지 알아야지. 그저 정처 없이 길을 걸어가. 가다 보면 무슨 수가 생기겠지 하고.

한참 가다가 보니까, 길가에 있는 논에서 조그만 올챙이들이 꼼지락꼼지락거리고 있거든. 가만히 보니까 논에 물이 말랐어. 물이 말라서 이 올챙이들이 다 죽게 생겼거든.

'저런, 쯧쯧. 저것들이 개구리도 못 돼 보고 죽겠구나.'

선비는 올챙이가 불쌍해서, 손으로 고이고이 떠다가 근처에 있는 연못에 넣어 줬어. 올챙이들은 이제야 살판났다고 신나게 헤엄쳐 가고, 선비도 마음이 흐뭇해서 또 길을 걸어갔지.

한참 걸어가다 보니 큰 마을이 나와. 거기서 돈 번다고 이것저것 닥치는 대로 일을 했어. 남의 논도 매어 주고, 나무도 해다 팔고, 별짓을 다 했지만 돈 벌기는커녕 하루하루 먹고살기도 바쁘지 뭐야. 평생 글만 읽다 보니 일하는 법을 못 배워서, 논을 매도 남이 한 마지기 맬 동안 겨우 반 마지기 매고, 나무를 해도 남이 두 짐 할 동안 한 짐 겨우 하니까 무슨 돈을 벌겠어.

그럭저럭 여름이 다 갔는데도 돈 한 푼 못 벌고 고생만 잔뜩 하다 보니 집 생각이 간절하거든.

'아이고, 내가 여기서 이러고 있느니 차라리 집에 가서 마누라하고 같이 일하는 게 낫겠다. 낮에 일하고 밤에 공부하면 되지, 뭐.'

이렇게 생각하고 다시 집으로 갔어. 가다가 올챙이 살려 준 연못가를 지나는데, 연못에서 개구리들이 폴짝폴짝 뛰어나오는 거야.

뛰어나와서는 선비 앞에 앉아서 '개골개골, 개골개골' 울거든. 가만히 생각해 보니, 집 나올 때 자기가 살려 준 올챙이가 커서 개구리가 되어 가지고 저러고 있는 것 같단 말이야.

"반갑다, 개구리들아. 너희들이 벌써 이렇게 컸구나."

하면서 보니까, 개구리들이 그냥 나온 게 아니라 뭘 가지고 왔어. 다 찌그러진 냄비 한 개를 끌고 왔거든. 그걸 앞에 놓고 '개골개골' 울어. 그러더니 냄비를 놔두고 폴짝폴짝 뛰어서 연못 속으로 다 들어가는 거야.

선비는 그 냄비를 덜렁덜렁 들고 집에 돌아왔어. 아내가 보니까, 돈 벌어 온다고 나간 남편이 겨우 찌그러진 냄비 하나를 달랑 들고 오거든. 그러니 또 바가지를 긁어.

"여태 어디서 뭘 했기에 쌀 한 됫박 못 가져오고 겨우 헌 냄비 쪼가리요? 쌀도 없는데 냄비만 있으면 뭘해요?"

"허허, 하긴 그렇군. 그나저나 배가 고프니 밥 좀 주구려."

"이제 쌀은 딱 한 톨밖에 안 남았어요."

"그럼 그걸로라도 밥을 지어 줘요."

아내가 냄비에 물을 붓고는, 쌀을 한 톨 넣고 밥을 지었어. 아 그런데, 뚜껑을 열어 보니까 김이 무럭무럭 나는 밥이 한 냄비 가득 들어 있지 않겠어?

"여보, 여보! 이거 이상한 냄비예요. 쌀 한 톨 넣고 끓였더니 밥이 가득 찼어요!"

"설마 그럴라고."

선비가 가서 보니까 정말 밥이 가득 찼거든.

'아하, 그 개구리들이 은혜를 갚으려고 이런 걸 줬구나. 참 고마운 개구리들이야.'

선비는 그 냄비 덕분에 굶지 않고 잘 먹으면서 공부를 했어. 그런데 이것 좀 봐. 냄비에 엽전을 한 개 넣고 끓이면 엽전이 가득 차고, 구슬을 한 개 넣고 끓이면 구슬이 가득 차네. 뭐든지 한 개만 넣고 끓이면 가득 차서 나오니 얼마나 좋아.

선비의 아내는 재미가 나서 매일같이 엽전을 넣고 끓여 댔대. 하도 많이 끓여 대니까, 하루는 그만 냄비가 불에 녹아 버렸대. 그렇지만 조금도 걱정 없어. 그날이 바로 선비가 과거에 급제한 날이었다니까 말이야.

《한국민담선》 다시 쓰기 → 다시 쓰기

목숨 있는 것을 살려 주면 은혜를 갚게 마련이다. 적어도 옛이야기에서는 그렇다. 은혜를 갚는다고 보물을 주었는데, 그걸 받은 사람이 욕심을 부리면 그 보물의 효험이 없어진다. 이것은 옛사람들이 스스로 깨친 진리다. 목숨 가진 동물이나 식물을 귀하게 여기고 함부로 해치지 않으면, 자연은 반드시 아늑한 삶의 터전이 되어 사람에게 보답한다. 욕심이 지나치면 반드시 화가 미친다. 이것은 세월이 아무리 흘러도 변하지 않을 진리다.

선비가 단지 올챙이를 살려 주기만 하고 일하지 않았다면 요술 냄비를 얻지 못했을지도 모른다. 글만 읽으며 일할 줄 모르던 선비는 온갖 힘겨운 일을 해 보고서야 비로소 노동의 값어치를 깨달으며, 요술 냄비는 그 깨달음에 대한 보상이 아니었을까. 이야기를 만든 사람들이 글만 읽던 양반이 아니라 땀 흘려 일하던 농사꾼이었다면, 마땅히 그런 생각을 담으려 하지 않았을까.

은혜 갚은 고목

옛날에 할아버지하고 할머니, 이렇게 두 노인이 단둘이 사는 집이 있었대. 두 노인이 농사짓고 사는데, 한 해 겨울에 눈이 너무 많이 와서 그 동네 사람들이 나무를 못 해다 땠어. 그래서 집집마다 땔감이 없어서 고생들을 하는데, 그 동네에 큰 고목나무가 하나 있거든. 동네 젊은이들이 그 고목나무라도 베어다 때야겠다고 도끼랑 톱이랑 들고 나서는 거야. 할아버지가 그걸 보고는,

"여보게들. 그 나무는 몇십 년 동안 우리 동네 사람들이 위하던 나무라서 베면 안 되네."

하고 말리거든. 젊은이들이,

"그럼 땔감은 없고 눈은 이렇게 쌓였고, 어떻게 해요?"

하니까 할아버지가,

"정 그렇다면 우리 집 행랑채를 헐어 뜯어다가 나눠 때게. 그 나무는 베지 말고."

하거든. 행랑채는 머슴이 들어 사는 집인데, 그걸 헐어서 기둥이고 서까래고 땔감으로 쓰라는 거지. 그 말을 듣고 할머니가 나와서 말렸어.

"내년 봄이면 머슴을 들여야 할 텐데 행랑채를 헐어 버리면 어떻게 해

요? 그깟 고목나무 베다 때든지 말든지 그냥 두지 뭘 그래요?"

그래도 할아버지는 어림없어.

"죽은 나무라면 모를까, 산 나무를 함부로 베면 못쓰는 거야. 저 나무가 없으면 여름에 동네 사람들이 어디 가서 땀을 식혀? 그러니 아뭇소리 말고 우리 집 행랑채를 헐어다 때게나."

그러니까 동네 젊은이들이 그냥 돌아갔어. 그리고 다음 날 할아버지가 행랑채를 비워 주니까 모두들 그걸 헐어서 나눠다가 땔감으로 썼대. 그래서 겨울을 잘 났지.

그렇게 하고 나서 이듬해 봄이 되었거든. 봄이 되니까 이제 농사를 시작해야 된단 말이야. 할아버지 할머니는 늙어서 농사지을 힘이 없으니까 머슴을 구해다가 농사를 지어야 한단 말이야. 그런데 머슴이 사는 행랑채를 헐어 버렸으니 어떻게 해. 아무도 머슴 살겠다고 찾아오는 사람이 없네. 할머니가 걱정이 늘어져서,

"그것 보세요. 행랑채가 없으니 머슴도 못 들이지. 이제 올 농사는 어떻게 할 거예요?"

하고 안달이 났네그려. 할아버지는,

"허허, 머슴 없으면 우리가 농사짓지."

이러고 천하태평일세. 하루는 할아버지가 소죽을 안쳐 놓고 들어와서 저녁밥을 먹고 있는데, 웬 떠꺼머리 총각이 와서 아무 말도 없이 소죽을 퍼다가 소에게 먹이고 마당도 쓸고, 일을 아주 부지런히 하네그려. 할아버지가 내다보고는,

"자네는 어디서 온 누구인데 우리 집에 와서 그러고 있는가?"

하니까 이 총각이,

"이 집에 머슴 안 둬요? 제가 머슴 살면 안 될까요?"

하거든. 듣던 중 반가운 소리지. 그래서,

"그것 참 고마운 말인데, 우리 집에는 지난겨울에 행랑채를 헐어서 잘 데가 없으니 어떡한다?"

하고 걱정을 했지. 그러니까 이 총각이,

"그것은 걱정 마세요. 저는 낮에 와서 일하고 저녁에는 우리 집에 가서 잘 테니까요."

하거든. 그래서 할아버지가,

"그것도 참 고마운 말인데, 그럼 새경은 얼마나 쳐 줄까?"

하고 물었다네. 새경이라고 하는 것은 머슴에게 주는 품삯이야.

"저는 일도 잘할 줄 모르고, 그저 일 배우는 셈 치고 시키는 일만 할 테니 새경 걱정은 마십시오."

하거든. 그리고 날마다 이 총각이 와서 일을 해 주는데, 일을 참 잘하네. 그러다가 못자리할 때가 됐는데, 아 이 총각이 좋은 논 다 놔두고 찬물 솟아나는 샘가에다가 못자리를 하거든. 할머니가 그걸 보고서,

"이 사람아, 좋은 논 다 두고 하필이면 찬물에다가 못자리를 하는가. 우리 농사를 망칠 셈인가."

하고 나무라니까, 이 총각이 하는 말이,

"예, 저한테도 다 생각이 있어서 그러니, 그저 저한테 맡겨 주십시오. 속는 셈 치고 맡겨 주십시오."

이러거든. 할머니가 그래도 자꾸 안 된다고 하니까, 할아버지가 나서서 또 할머니를 달래.

"저한테도 생각이 있다니까 가만둡시다."

그런데 못자리를 하고 나서부터 날씨가 계속 가물더니 논에 물이 다 마르네. 그래서 다른 논에는 못자리 모가 다 말라 죽는데, 이 할아버지네 못자리에는 샘물이 자꾸 솟아나서 모가 아주 잘 자라거든. 모심기를 할 때가 됐는데, 딴 사람들은 모가 없어서 못 심어. 죄다 말라 죽었으니 말이야. 그런데 이 할아버지네는 얼마나 모가 잘되었는지 다 심고도 남아서 온 동네 사람들에게 나누어 줬대. 그래서 온 동네 농사가 다 잘되었어.

그럭저럭 가을이 되어서 추수를 다 하고 나서, 할머니가 늙어서 자꾸 팔다리가 쑤시고 아프다고 하니까, 이 총각이 할머니 팔다리를 주물러 주는데 그렇게 시원할 수가 없더래. 그리고 아픈 것도 다 나았어. 할머니가 아주 기운이 펄펄 나서 돌아다니네.

그리고 이제 추수도 끝나고 농사일이 없으니까 총각이 하직 인사를 해.

"그동안 일 잘 배우고 갑니다."

그래서 할아버지가,

"우리가 자네 신세를 많이 졌는데, 어쨌든 새경이나 받아 가지고 가게."

하고 새경을 쳐 주려고 하니까,

"저는 새경 받으려고 일한 게 아니라, 은혜를 갚으려고 일한 것뿐이니 염려 마십시오. 앞으로도 이 집 농사 잘될 것이고, 할머니 팔다리도 이제 안 아플 것입니다."

하고는 훌훌 떠나 버리네. 이 총각이 바로 고목나무 총각이야. 오래된 나무에는 신령한 힘이 있어서 이렇게 사람 모습이 되기도 한다네. 그 뒤로 마을 사람들은 고목나무를 더 잘 위하고, 모두들 농사 잘 짓고 잘 살았더란다.

《충청남도 민담》 받아 쓰기 → 다시 쓰기

사실 묘사가 아주 그럴듯한 이야기다. 눈이 많이 와서 땔나무가 모자란다는 것, 행랑채를 헐어 땔감으로 쓴다는 것, 행랑채가 없어서 머슴 구하기 힘들다는 것, 찬물 나는 샘가에 못자리를 해서 가물어도 모가 잘 자랐다는 것은 실제로 있을 법한 이야기다.

옛날 농촌 실정을 잘 모르는 아이들에게 좋은 교재가 될 만한 이야기라고 할 수 있다.

고목이 총각 모습으로 나타나 은혜를 갚는다는 것은 그리 드문 이야기가 아니다. 고목을 위하는 것을 미신으로 보기보다, 목숨 가진 것을 귀하게 여기는 좋은 풍습으로 보아야 이 이야기가 살아난다.

고목을 베려고 했던 젊은이들이 벌을 받지 않은 점에도 주의하자. 땔나무가 없어 추위에 떨 때 고목을 베어 땐들 죄가 되겠는가. 고목보다 더 귀한 것이 사람이다.

시아버지를 팔려다가

옛날에 한 내외가 살았거든. 그런데 나이 많은 아버지를 모시고 살아. 그러니까 세 식구가 사는 거지.

그런데 이 며느리가 아주 못됐어. 시아버지를 얼마나 구박하는지 몰라.

"늙어서 일도 못하는 주제에 밥만 축내니 내가 못 살아, 못 살아."

이러고 구박을 하면서, 밥도 잘 안 해 주고 옷도 안 갈아입혀 줘. 시아버지가 아파서 앓으면 앓는 소리 시끄럽다고 구박, 다 나아서 돌아다니면 일 안 하고 논다고 구박이야. 애가 울어도 구박, 애 안 봐 준다고. 비가 와도 구박, 비설거지 안 한다고. 이렇게 구박을 하니 뭐 시아버지 마음은 좋겠어? 일부러 며느리 하라는 일은 안 하고, 며느리 싫어하는 일만 골라 가며 해. 그러니 매일같이 싸워. 시아버지하고 며느리가.

아들이 가만히 보니 이거 기가 막히거든. 그런다고 자기까지 싸울 수도 없고 말이야. 그래서 생각하다가 생각하다가 한 가지 꾀를 냈어.

하루는 장에 갔다 와서 자기 아내보고 하는 말이,

"나 오늘 장에 가서 별일 다 봤네."

하거든. 며느리가 궁금할 거 아니야. 그래서,

"무슨 별일이요?"

하고 물었어. 그러니까,

"아 글쎄, 장에 가니까 포동포동 살찐 늙은이를 사는데, 값이 천 금이야. 우리 아버지도 살만 포동포동 쪘으면 팔아서 부자가 될 텐데, 저리 비쩍 말랐으니 당최 팔아먹을 재간이 있나."

이러고 능청을 떨거든.

"에이, 쓸데없는 소리 말아요. 팔십 늙은이를 누가 산단 말예요?"

"아니야. 오늘도 두 사람이나 팔려 갔는데, 정말 값을 많이 쳐 주데. 논닷 마지기 값이면 그게 적나?"

하도 능청을 떠니까 며느리가 귀가 솔깃해졌어.

"우리 아버님도 살만 찌면 팔긴 하나?"

"아 팔고말고. 금값으로 팔지."

"그러면 어떻게 해야 살이 찐대요?"

"아, 어떡하긴 어떡해. 마음 편케 하고, 대우 잘하고, 음식 대접 잘하면 살찔 수밖에 더 있소?"

"그럴까요?"

"그렇고말고. 그렇게만 되면 우리도 큰 부자가 될 수 있지."

며느리가 그 말을 듣고는 정말 시아버지한테 잘해 주네. 그전에는 걸핏하면 구박이더니, 이제는 음식도 정성껏 만들어 올리고 옷도 깨끗하게 빨아서 입힌단 말씀이야. 그저 마음 편케 하려고 추우면 춥지 않느냐, 더우면 덥지 않느냐, 일 좀 하려면 그만두고 쉬시라고 하고, 어찌나 대우를 잘하는지 몰라.

시아버지가 가만히 생각해 보니 참 별일이거든. 며느리가 마음이 변해도 한참 변했구나 생각하고, 기분이 좋으니까 저도 며느리한테 잘해 주네. 그

전 같으면 며느리 싫어하는 일만 골라 가며 할 텐데, 기분이 좋으니까 며느리 하는 일도 도와주고 손주들도 더 잘 거두고 한단 말씀이야.

그러니까 며느리도 기분이 좋아서 점점 더 시아버지를 극진하게 모시는 거지. 서로 이렇게 잘해 주다가 그만 정이 담뿍 들었어. 그걸 보고 아들이,

'옳지, 이제 됐다.'

생각하고, 하루는 아내한테 넌지시 물어보는 거지.

"우리 아버지 이제 살이 포동포동 쪘으니, 내일 장에 내다 팔까?"

그러니까 이 며느리가,

"그 쓸데없는 소리 말아요. 우리 아버님을 내다 팔기는 왜 내다 판단 말예요? 우리가 모시고 살아야지."

하더래. 그동안에 정이 담뿍 들어서. 그래서 며느리 버릇 고치고 셋이서 아주 오순도순 잘 살았대.

《충청남도 민담》 받아 쓰기 → 다시 쓰기

빙긋빙긋 웃어 가며 흐뭇하게 들을 수 있는 이야기다. 이야기의 분위기가 딱딱하지 않고 너그러운 것은, '시부모에게 효도하라'는 틀에 박힌 주제를 담으려 하지 않았기 때문이다. 이 이야기에서 시아버지와 며느리는 대등한 자리에 있다. 마음씨 고약한 며느리가 착한 시아버지를 일방으로 구박하다가 버릇을 고쳤다기보다는, 두 사람이 서로 사이가 나빴다가 좋아지는 과정을 그렸다고 보는 편이 옳다.

며느리는 가난한 살림에 시아버지 모시랴, 아이들 키우랴 얼마나 고생이 많았겠는가. 그러니 더러 짜증도 냈을 것이고, 시아버지는 시아버지대로 속상하

니까 며느리 싫어하는 짓만 골라 가며 했을 것이다. 그러니 사이가 나쁠 수밖에. 그러던 것이, 아들의 기지 덕분에 며느리가 마음에도 없는 효도를 하면서 두 사람 사이가 좋아지게 되는 것이다. 시아버지를 구박하다가 아들 꾀에 넘어가는 며느리가 그리 밉살스럽게 느껴지지 않는 까닭이 여기에 있다. 처음부터 시아버지는 착한 사람으로 만들어 놓고 며느리의 나쁜 점만 드러냈더라면 이만큼 구수하고 너그러운 이야기가 되지 못했을 것이다.

도깨비 도움으로 부자 된 나무꾼

옛날 옛날에, 한 가난한 나무꾼이 살았는데, 이 사람은 산에 가서 나무를 해다가 장에 내다 팔아 가지고 근근이 살아가거든. 하루는 장에 가서 나무를 팔아서 돈 석 냥을 벌었단 말이야. 그걸 가지고 어둑어둑할 무렵에 집으로 돌아오는데, 산모퉁이를 탁 도니까 글쎄 키가 팔대장신 같은 놈이 훌쩍 나타나. 그러더니 절을 꾸벅 하면서,

"아이고, 영감님. 인제 오십니까?"

하거든. 가만히 보니까 이놈이 도깨비야. 도깨비 만나서 놀라는 모습을 보이면 안 되거든. 그래서 태연한 척하고 잔뜩 점잔을 뺐어.

"그래, 너는 뭐냐?"

"다름이 아니고, 돈 있으면 꼭 석 냥만 빌려 주십시오."

나무 한 짐 잘 팔아야 석 냥 받거든. 이놈이 어떻게 주머니에 석 냥 들어있는 걸 알고 그걸 빌려 달라네. 이걸 빌려 줄까 말까 망설이는데,

"내일 저녁에 꼭 갖다 드릴 테니 좀 빌려 주십시오."

하거든.

"내일 저녁에 꼭 갖다 줄 테냐?"

"그럼요. 꼭 갖다 드리지요."

그래서 돈 석 냥 빌려 줬어. 나무 판 돈 다 빌려 주고 빈손으로 집에 털레털레 돌아왔지. 그리고 그다음 날 저녁이 되었어. 이놈의 도깨비가 정말 돈 갚으러 오나 보자고 앉아 있으니, 아닌 게 아니라 밖에서 부르는 소리가 나. 내다보니 정말 도깨비가 돈을 가지고 왔네.

"돈 석 냥 잘 빌려 쓰고 여기 가지고 왔습니다."

하고 돈을 주거든. 받았지. 그런데 그다음 날 저녁이 되니까, 또 밖에서 부르는 소리가 나.

"영감님, 영감님."

내다보니까 어제 그 도깨비가 또 찾아왔네그려. 이놈이 또 돈 빌리러 왔나 하고서,

"왜 그러느냐?"

하니까, 이 도깨비가 글쎄 또 돈 석 냥을 떡 내밀면서,

"돈 석 냥 잘 빌려 쓰고 여기 가지고 왔습니다."

하거든. 이게 무슨 영문인가 싶어서,

"아, 그저께 빌린 돈 어제 갚지 않았느냐?"

하니까, 이 도깨비가 하는 말이,

"아이, 영감님도 참. 내가 언제 갚았다고 그래요?"

이러면서 돈을 놓고 가네. 도깨비가 원래 뭘 빌려 쓰고 갚은 걸 잘 잊어버리나 봐. 자기가 빌린 건 안 잊어버리는데, 갚은 건 갚을 때마다 잊어버려. 그러니 그다음 날 저녁에도 또 찾아와서,

"돈 석 냥 잘 빌려 쓰고 여기 가지고 왔습니다."

하고 돈을 주고 가.

그다음 날에도 또 찾아와서,

"돈 가지고 왔습니다."

하면, 영감님은 이제 귀찮아서,

"그래. 거기 두고 가거라."

하고 말지.

그다음 날 또 찾아와서,

"돈 가지고 왔습니다."

"거기 두고 가거라."

다음 날 또 와서,

"돈 가지고 왔습니다."

"거기 두고 가거라."

이렇게 돈을 받으니, 돈이 점점 모여서 부자가 되는 거야. 그 돈으로 논을 샀어.

논을 사서 농사를 짓고, 날마다 저녁마다 도깨비한테서 돈 받고, 이렇게 살다가 영감님이 돌아가셨어. 돌아가실 때까지 날마다 도깨비가 돈 갖다 준 거지.

그런데 영감님이 돌아가신 뒤에 도깨비가 돈을 가지고 와 보니까, 아 돈 받을 사람이 없거든. 그러니까 그때부터 심술을 부리네. 영감님이 도깨비한테 돈 받아서 논 산 것 있잖아. 거기에다 자갈을 듬뿍 집어넣는 거지. 심술을 부려서 농사 못 짓게 하려고 말이야. 영감님 아들이 농사를 짓는데, 가만히 생각해 보니까 이러다가는 논이 자갈밭이 될 판이거든. 이놈의 도깨비 심술을 어떻게 막나 생각하다가, 하루는 어둑어둑할 때쯤 도깨비가 또 자갈을 집어넣으려고 슬금슬금 오는 걸 보고는, 일부러 혼잣말을 했어. 도깨비 들으라고 큰 소리로,

"허허, 올해 우리 농사 잘되겠다. 만약 개똥을 주워 넣어 놓았으면 농사를 영영 못 짓게 될 뻔했는데, 누가 고맙게도 자갈을 주워 넣어서 농사 잘되겠다."

이렇게 능청을 떨었거든.

그래 놓고, 그다음 날 아침에 논에 가 보니까, 논에 자갈이 하나도 없고 그 대신에 개똥이 수북이 들어 있어. 도깨비가 자갈 넣으면 농사 잘된다니까 그 심술에 가만있겠어? 자갈을 싹 들어내고 농사 안된다는 개똥을 잔뜩 집어넣어 놓은 거지.

개똥 거름이 얼마나 좋아? 그래서 농사 잘 짓고 부자가 되어서 잘 살았더래.

〈한국구비문학대계〉 받아 쓰기 → 다시 쓰기

우리 옛이야기에 나오는 도깨비는 무섭거나 포악하지 않다. 외눈박이에다 머리에 뿔이 난 것도 아니고, 칼이나 몽둥이를 들고 설치지도 않는다. 오히려 어수룩하고 인간미가 넘쳐서 한번 만나 보고 싶은 마음이 들 정도다. 이 이야기에 나오는 도깨비는 어지간히도 건망증이 심한가 보다. 한 번 빌려 쓴 돈 석 냥을 영감님이 죽을 때까지 날마다 갚았으니 말이다.

도깨비는 일부러 어려운 사람을 도와줄 만큼 착하지는 않다. 그런데도 우연하게 많은 사람들이 도움을 받는다. 다른 이야기에서 도깨비는 저희들끼리 말하는 비밀을 우연히 엿들은 사람에게 행운을 주기도 하고, 대수롭지 않은 물건을 요술 방망이와 선뜻 바꾸기도 한다.

또 도깨비는 사람들에게 잘 속아 넘어간다. 이 이야기에서도 저를 속이려고 하는 말을 곧이듣고 논에다 거름을 집어넣어서 농사를 잘되게 해 준다.

도깨비는 허점도 많고 순박하며 가끔 대단찮은 심술을 부리기도 하는 우리 이웃이다.

구렁덩덩 신선비

옛날하고도 아주 먼 옛날에, 어떤 아주머니가 아들을 낳았는데, 글쎄 사람을 안 낳고 구렁이를 낳았더래. 이 징그러운 걸 방에서 키울 수도 없고 해서, 부엌 구석에다 삼태기로 씌워 놓고 키우는데, 이 구렁이가 또아리를 틀고 점잖게 있다가 때가 되면 스르르 기어나와서 밥을 먹고 또 들어가고 이렇게 살았어.

그런데 그 옆집에는 딸 삼형제가 살았거든. 이 세 딸들이 하루는 구렁이 구경한다고 이 집에 놀러 왔더래. 맨 처음 첫째 딸이 구렁이를 보고서는,

"아유, 징그러워."

하면서 막대기로 구렁이 왼쪽 눈을 쿡쿡 찔렀어. 그다음 둘째 딸이 보고는,

"아유, 더러워."

하면서 막대기로 구렁이 오른쪽 눈을 쿡쿡 찔렀어. 그러니까 구렁이 눈에서 눈물이 주룩주룩 흐를 게 아니야? 셋째 딸이 그걸 보고는,

"어머나, 구렁덩덩 신선비님, 불쌍하기도 해라."

하고 옷고름으로 구렁이 눈물을 닦아 줬대.

그 일이 있은 뒤에 구렁이가 자기 어머니보고,

"어머니, 저를 옆집에 사는 셋째 딸에게 장가들게 해 주세요."

하고 조르는 거야. 어머니가 그 말을 듣고 기겁을 하지.

"너, 말도 안 되는 소리 하지 마라. 네 꼴이 어떤지나 알고 하는 소리냐?"

그래도 구렁이는 자꾸 졸라 대.

"가서 말이라도 한번 해 보세요."

"글쎄, 안 된대도 그러니?"

"정 안 된다고 하시면 저 아궁이에 들어가서 다시는 안 나올 거예요."

이렇게 부득부득 졸라 대니, 어머니가 하는 수 없이 옆집에 찾아갔대. 가서, 구렁이 아들이 이 집 딸에게 장가들고 싶다고 하니 어쩌면 좋으냐고 물었어. 옆집 처녀 어머니는 펄쩍 뛰면서 안 된다고 하지. 안 그렇겠어? 누가 구렁이한테 예쁜 딸을 시집보내려고 하겠느냐 말이야.

그래도 딸한테 물어나 보자고 첫째 딸을 불러서 구렁이에게 시집가겠느냐고 하니까,

"아유, 누가 그 징그러운 구렁이한테 시집간대요?"

하고 펄쩍 뛰어. 둘째 딸을 불러서 물어보니까,

"아유, 누가 그 더러운 구렁이한테 시집간대요?"

하고 또 펄쩍 뛰어. 이번에는 셋째 딸을 불러서 물어보니까,

"구렁덩덩 신선비님이 좋다면 가겠어요."

이러지 않겠어. 어머니가 아무리 말려도 막무가내니 어쩌겠어? 그래서 이제 혼인을 하게 됐단다.

그래서 구렁이가 사모관대 쓰고 장가를 갔는데, 장가가는 날 이 구렁이가 글쎄 허물을 쓱 벗더니 사람 모습으로 변하지 않겠어? 아주 인물도 훤하고 멋진 새신랑이 되었단 말이야. 그러더니, 자기가 벗은 허물을 색시에게 주면서,

"이것을 잘 간수해 주시오. 만약 이게 없어지면 나도 없어져야 되오."
하고 신신당부를 하거든. 색시는 그 허물을 고이고이 주머니에 넣어서 옷고름에 차고 다녔어.

그런데 하루는 언니들이 와서 구렁이 허물 좀 보자고 보채네. 안 된다고 해도 억지로 빼앗아서 보더니, 그만 심술이 났는지,

"에이, 징그럽고 더러워. 이런 걸 뭐하러 차고 다녀?"
하면서 그만 활활 타는 화로 속에 던져 넣어 버렸지 뭐야. 허물이 홀랑 타 버렸지.

그러자 구렁덩덩 신선비는 어디론가 가 버리고 다시 오지 않아. 어디로 갔는지도 모르지, 뭐.

자, 이제 색시가 구렁덩덩 신선비를 찾아 집을 나섰어. 정처 없이 자꾸 가다가 보니, 웬 노인이 산에서 괭이질을 하면서 밭을 일구고 있더래.

"할아버지, 할아버지. 새파란 저고리에 하얀 바지 입은 구렁덩덩 신선비님 이리로 가는 거 못 보셨어요?"
하니까,

"이 산밭을 다 일궈 주면 가르쳐 주지."
하더래. 그래서 그 큰 산밭을 다 일궈 줬어. 그랬더니,

"요 산 너머 큰 바위 지나 좁디좁은 길로 갔지."
하고 가르쳐 줘. 그래서 그 길로 또 하염없이 가다 보니, 까치들이 나무에다 집을 짓느라고 분주하게 날아다녀.

"까치야, 까치야. 새파란 저고리에 하얀 바지 입은 구렁덩덩 신선비님 못 봤니?"
하니까, 까치가 하는 말이,

"집 지을 삭정이 한 아름 따다 주면 가르쳐 주지."

하거든. 색시는 까치가 집 짓기 좋게 삭정이를 한 아름 따다 줬어. 그러니까,

"저기 고개 너머 가시덤불 지나 개울물 따라갔지."

하고 가르쳐 줘. 까치가 가르쳐 준 길로 한참 가다 보니, 웬 할머니가 개울가에 빨래를 산더미만큼 쌓아 놓고 방망이로 두드려 빨고 있거든.

"할머니, 할머니. 새파란 저고리에 하얀 바지 입은 구렁덩덩 신선비님 이리로 가는 거 못 보셨어요?"

하고 물으니까, 할머니가 하는 말이,

"검은 빨래 희게 하고, 흰 빨래 검게 해 주면 가르쳐 주지."

이런단 말이야. 그래서 그 많은 빨래를 검은 것은 희게 하고, 흰 것은 검게 하고 다 빨아 주니까, 할머니가 주발 뚜껑 하나하고 젓가락 하나를 주면서,

"이 주발 뚜껑을 타고 이 젓가락으로 노를 저어 저기 샘물 따라 들어가면 큰 기와집이 나올 텐데, 거기서 동냥을 하면 밥을 줄 거야. 밥을 주거든 받지 말고 그릇을 떨어뜨려서 밥알을 하나하나 줍다가 날이 저물면 그 집에서 묵어 가렴."

하고 가르쳐 주거든. 그래서 주발 뚜껑 타고 젓가락으로 노를 저어 샘물을 따라 들어갔어. 한참 들어가니 정말 큰 기와집이 보이거든. 거기에 가서 동냥을 했어. 그러니까 웬 여자가 나와서 밥을 주는데, 일부러 밥그릇을 땅에 떨어뜨려 놓고는 밥알을 하나하나 주워 담았어. 할머니가 시킨 대로.

그러다 보니 날이 저물었어. 그래서 하룻밤 묵고 가게 해 달라고 부탁을 했어. 날이 저물어 어두우니 어떻게 해? 재워 줘야지. 그래서 밤에 그 집에서 묵는데, 달이 휘영청 밝아서 달을 쳐다보고 있으려니까 어디서,

"고향에 있는 내 색시도 지 달 보고 있을까."
하고 노랫소리가 들려. 가만히 들어 보니 구렁덩덩 신선비, 자기 남편 목소리야. 얼마나 반가운지,

"구렁덩덩 신선비님도 저 달 보고 있을까."
하고 따라서 노래를 불렀어. 그러니 구렁덩덩 신선비도 자기 색시가 온 줄 알고, 서로 달려가서 만났지. 참 반갑게 만났는데, 이거 큰일났네. 구렁덩덩 신선비가 거기서 벌써 다른 색시를 얻어 가지고 있지 뭐야. 그래서 내기를 해서 이기는 사람이 구렁덩덩 신선비와 함께 살기로 했어. 무슨 내기를 했느냐 하면, 첫 번째로 참새 떼 올라앉은 나뭇가지 꺾어 오기, 두 번째는 얼음 위를 나막신 신고 물동이 이고 물 한 방울 안 흘리고 걸어오기, 그리고 마지막으로 호랑이 눈썹 한 줌 뽑아 오기 내기를 했어.

이 색시가 얼마나 고이고이 나뭇가지를 꺾어 오는지, 참새 떼가 앉아 있어도 몰라. 참새 앉은 채로 나뭇가지를 꺾어 와서 첫 번째 내기에 이겼거든. 이번에는 얼음판 위에 나막신 신고 물동이 이고 오긴데, 이 색시가 어찌나 사뿐사뿐 잘 걷는지 물 한 방울도 안 흘려. 그래서 두 번째 내기에도 이겼겠다.

그런데 마지막 내기가 이게 문제야. 호랑이 눈썹을 어디 가서 어떻게 뽑아 와. 그저 또 정처 없이 산속을 헤매다 보니, 깊은 산속에 오막살이가 한 채 있는데, 거기서 머리가 하얀 할머니가 베를 짜고 있거든. 색시가 사정 이야기를 다 하고 좀 도와달라니까, 이 할머니가,

"그것 참 딱하게 되었네. 그럼 이리 와서 베틀 뒤에 숨어 있어 봐. 무슨 소리가 나도 내다보지 말고."
하면서 베틀 뒤에 숨겨 주거든. 한참 있으니 밖에서 요란한 소리가 들리더

니, 집채만 한 호랑이가 쿵 하고 들어와. 그러고는 코를 킁킁대더니,

"어머니, 방에서 사람 냄새가 나는데. 사람 냄새가 나는데."

이러면서 사방을 돌아다녀. 그 할머니가 호랑이 할머닌가 봐. 호랑이 할머니가,

"내가 늙어서 냄새가 나나 보다. 그런데 네 눈썹에 그게 뭐냐? 진디가 붙었나?"

하면서 아들 호랑이 눈썹을 잡고 한 줌을 쏙 뽑더니,

"가서 사냥이나 더 해 오너라."

하고 아들을 내보내는 거야. 아들 호랑이가 나간 뒤에 이 할머니가 호랑이 눈썹을 한 줌 주면서 어서 가 보라고 해.

"할머니, 정말 고맙습니다."

하고 인사를 하고 돌아와 보니, 다른 색시는 어디서 돼지 눈썹을 한 줌 뽑아 왔더래. 그래서 세 번 다 내기에 이겨서 구렁덩덩 신선비랑 오래오래 잘 살았대. 아직까지 살고 있다지 아마.

〈한국구전설화〉와 《충청남도 민담》 받아 쓰기 → 다시 쓰기

구렁이는 징그러운 동물이다. 걸핏하면 사람들에게 돌팔매질을 당하는 천덕꾸러기다. 그렇지만 허물을 벗으면 인물이 훤한 총각이 된다. 이것은 우리네 백성들 모습과 같다. 권세 있고 많이 배운 사람들 편에서 보면 백성들이란 그저 땅만 파먹고 사는 천덕꾸러기일 뿐이다. 그렇지만 한 꺼풀 벗기고 보면 이 세상의 주인이 바로 백성들이다.

이 이야기는 두 군데 자료에서 재미있는 부분을 뽑아 섞어서 다시 쓴 것이다.

뒷부분은 '집 나간 남편(아내)을 찾아가는 이야기'의 진형이다. 길에서 만난 사람들은 길을 가르쳐 주는 대가로 일을 해 달라고 하는데, 이것이 긴장감과 비장감을 더해 주는 구실을 한다. 주인공의 고난은 여기서 그치지 않는다. 고생 끝에 만난 남편에게는 이미 다른 색시가 있어서, 내기에서 이겨야만 남편을 차지할 수 있다. 주인공은 물론 내기에서 이겨서 잘 살게 된다.

주인공이 어려움에 빠질 때마다 뜻하지 않은 행운으로 어려움을 벗어나게 되는데, 고난과 행운이 되풀이되는 것은 보통 사람들이 살아가는 모습이기도 하다.

조천석 이야기

옛날에 늦도록 아들이 없는 집에서 불공을 들여 가지고 떡두꺼비 같은 아들을 하나 낳았는데, 얘가 글쎄 일곱 살이 되도록 말도 못하고 똥오줌도 못 가리네. 갓난아기처럼 누워서 젖만 먹고 사는 거지. 어머니 아버지가 얼마나 걱정이 됐겠어.

그런데 여덟 살이 되니까, 얘가 갑자기 벌떡 일어나서 막 돌아다녀. 말도 막 하고. 또 기운은 얼마나 센지, 어른도 겨우 드는 쌀가마를 번쩍번쩍 들어 올려. 얘가 갑자기 이렇게 변하니까, 어머니 아버지는 놀라서 입을 딱 벌리고 쳐다보는 게 일이야.

하루는 얘가 아버지보고,

"아버지, 마을에 가서 좁쌀 한 되만 구해 주세요."

하거든. 뭣에 쓰려나 싶었지만 귀한 자식 부탁이라 얼른 좁쌀 한 되를 구해다 줬어. 그랬더니 얘가 마당에 나가더니 구덩이를 커다랗게 파고서 거기에 좁쌀 한 되를 집어넣고는 흙을 덮는 거야. 그래 놓고,

"이제 조를 심었으니 거름을 줘야지."

하고는 거름을 또 한 지게씩 갖다 넣는 거지. 아버지 어머니가 보니 참 우습거든. 그래도 어쩌나 보자고 그냥 뒀더래.

그런데 구덩이에서 새순이 나오니까 다 솎아 내고 달랑 한 포기만 남겨 두네. 그 한 포기가 자라서 얼마나 큰 조가 되는지, 한 삼 년 지나니까 아름드리 고목나무만 해지잖아. 마당 가운데 꽉 차는 거지. 조나무가 커 갈수록 이 아이 힘도 점점 세어지더래.

그래서 한 삼 년 지난 뒤에 추수를 하는데, 조이삭이 얼마나 많이 열렸는지 다 거두고 나니 좁쌀이 천 석이야. 세 식구가 평생 먹고도 남을 만큼 많은 거지. 그래서 동네 사람들이 이 아이를 '조천석'이라고 불렀대. 조를 천 석이나 거두었다고 말이야.

천석이가 이제 거둔 좁쌀을 광에 가득 넣어 놓고, 어디서 대나무통을 하나 가지고 오더니 거기에 좁쌀을 가득 퍼 담아 짊어지고는, 어머니 아버지한테 절을 넙죽 하네.

"어머니, 아버지. 제가 이제부터 세상을 돌아다니며 천하의 장사들과 힘겨루기를 해 보렵니다. 광에 넣어 놓은 좁쌀로 밥을 지어 잡수시고, 제가 돌아올 때까지 편안히 계십시오."

그러고는 이제 길을 떠나는 거야. 가는 길마다 힘센 장사를 만나면 힘겨루기를 했는데, 그때마다 천석이가 이겼어. 그러고 돌아다니다가 참한 색시를 만나 장가도 갔지. 대나무통에 넣어 가지고 간 좁쌀로 농사를 짓고 살았단 말이야.

그래서 재미나게 사는데, 하루는 웬 조그마하고 귀엽게 생긴 아이가 찾아와서 하룻밤 재워 달라네. 불쌍하기도 하고 사랑스럽기도 해서 불러들여 저녁밥을 잘 먹였어. 그런데, 아 이 아이가 저녁밥을 먹고 나더니 글쎄 칼 가는 숫돌을 좀 빌려 달라네. 빌려 줬더니 품속에서 칼을 꺼내 가지고 숫돌에다가 쓱쓱 가는 거야. 밤이 깊어도 안 자고 칼만 자꾸 갈아. 그것 참 이상한 아이도 다 있다 하고는 잠이 들었어.

잠이 들었는데, 갑자기 목이 따끔하기에 벌떡 일어나 보니, 아 이놈이 천석이 색시를 데리고 막 달아나네. 색시는 끌려가면서 살려 달라고 소리치고. 천석이 목도 칼로 찔렸는데, 빗맞아서 괜찮아. 막 따라 나가 보니, 벌써 어디로 갔는지 안 보인단 말이야.

이튿날 날이 밝자, 천석이가 이제 자기 색시 구하러 길을 떠나는 거지. 정처 없이 가다가 길가에서 그만 잠이 들었어. 그런데 꿈에 웬 노인이 나타나서 하는 말이,

"네 색시를 훔쳐 간 놈은 흉측한 괴물인데, 어린아이로 둔갑했느니라. 여기서 십 리를 더 가면 산꼭대기에 큰 바위 하나가 있을 터인데, 그 바위를 밀어내면 땅속으로 뚫린 굴이 나타날 것이다. 그 속으로 들어가거라."

이런단 말이야. 잠을 깨서 노인이 가르쳐 준 대로 가 보았더니, 정말 큰 바위가 하나 있네. 그것을 밀어내고 보니 밑도 끝도 없는 구멍이 땅속으로 깊이 뚫려 있어. 여기를 어떻게 내려가나. 너희들 같으면 어떻게 내려가겠어? 천석이는 칡을 베어다가 꼬아서 동아줄을 만들었대. 그래서 그걸 타고 내려가. 한참 내려가니까 바닥에 발이 닿는데, 땅 위 세상하고 똑같이 나무도 있고 집도 있는 마을이 보이더래.

가만히 살펴보니까, 대궐같이 으리으리한 기와집이 하나 있고, 마당에는 사람들이 왔다 갔다 일을 하는데, 모두 땅 위 세상에서 잡혀 온 사람들인가 봐. 저기에 내 색시도 있을까 생각하니 당장 달려가고 싶지만, 그랬다가 괴물에게 들키면 어떻게 되겠어. 그래서 옆에 있는 우물가 홰나무 위에 올라가서 기다렸어. 한참 있으니, 정말 자기 색시가 물동이를 이고 물을 길러 오거든. 색시가 물동이에 물을 가득 채웠을 때, 천석이가 나뭇잎을 한 줌

주루루 훑어서 물동이에 뿌렸어. 색시가 나무를 쳐다볼 게 아니야? 그래서 만났지. 얼마나 반가운지 눈물을 흘리고,

"그놈은 석 달 열흘 사람 잡고, 석 달 열흘 술 마시고, 석 달 열흘 잠자는데, 오늘이 마침 그놈이 잠자기 시작한 첫날이에요. 서방님 힘이 아무리 장사라 해도 그 괴물한테는 못 당할 테니, 오늘부터 저기 있는 쇠공기로 던지고 받기를 해서 힘을 기르세요. 그런 다음 저놈이 깨기 전에 없애 버려야 해요."

천석이가 색시 말대로 쇠공기를 들어 보니, 아무리 끙끙 힘을 써도 그저 땅에서 달싹달싹하기만 하거든. 그걸 가지고 괴물은 공기놀이를 하나 봐. 참 대단한 괴물이지.

천석이가 이제 그 쇠공기를 가지고 날마다 던지고 받는 연습을 해. 밤낮으로 연습을 했더니, 석 달이 지난 뒤에는 그 무거운 쇠공기를 마음대로 던졌다가 받았다가 할 만큼 되었대. 그것도 한 번에 삼천 자씩이나 높이 던졌다는 거야. 색시가 보니까, 이만하면 괴물을 물리칠 수 있겠거든. 그래서 천석이에게,

"오늘 밤 괴물이 자는 방으로 들어가서, 벽에 걸린 큰 칼을 벗겨 단숨에 그놈의 목을 치세요. 단 한 번에 목을 자르지 못하면 위험해요."

하고 일러 줬어. 천석이가 그날 밤에 괴물이 자는 방에 살금살금 들어갔지. 벽에 걸린 칼을 벗겨 보니 길이가 서른 자나 되고, 무게는 쇠공기보다 더 무거워. 그걸 들고 용을 써서 괴물의 목을 쳤겠다. 댕강 잘랐는데, 아 이놈의 목이 껑충껑충 뛰어 제 몸에 다시 달라붙네. 또 쳤지. 또 달라붙어. 또 쳤지. 그때 색시가 치마폭에 재를 가득 담아 와서 그놈의 목에 뿌렸어. 그러니 못 달라붙고 스르르 자빠져.

그래서 잡혀 간 사람들을 모두 구해 가지고 땅 위 세상으로 올라왔어. 천석이가 색시랑 같이 집으로 돌아와서 어머니 아버지 모시고 늙도록 잘 살았다, 이런 이야기야.

《경북민담》 받아 쓰기 → 다시 쓰기

영웅 설화의 전형이라 할 수 있는 이야기다. 이야기에 나오는 영웅이 온갖 어려움을 이겨 내고 드디어 뜻하던 것을 얻으면 속이 시원하다. 본디 이야기에는 '콧김 장사'와 힘겨루기를 하고 의형제를 맺는 대목이 있는데, 곁가지 이야기여서 잘라 냈다. 또 땅속 나라에서 땅 위로 올라오는 길을 잃어버린 주인공이 초립동이의 도움으로 올라오는 과정에서 팔뚝을 잘라 먹이는 대목도 있는데, 너무 끔찍해서 잘라 냈다. 좁쌀을 한구덩이에 쏟아부어 천 석을 거두어들이는 대목과 무거운 쇠공기로 힘을 기르는 대목이 재미있다. 끝없는 상상의 세계를 마음껏 넘나들 수 있는 이야기다.

재주꾼 세 사람

옛날에 활을 아주 잘 쏘는 사람이 살았다지. 얼마만큼 활을 잘 쏘았느냐면, 십 리 밖에서 나뭇잎을 맞추어 떨어뜨리는 솜씨야. 오 리 밖에서는 방 안에 켜 놓은 촛불을 끄는 솜씨고. 이 사람이 촛불을 겨냥해서 활을 쏘면, 화살이 초는 안 건드리고 불만 꺼뜨린단 말이야. 그뿐인 줄 알아? 동네 아주머니가 물동이를 이고 가면, 이 사람이 화살 두 개를 시위에 넣어서 쏘네. 화살 하나는 그냥 빈 화살이고, 다른 화살에는 찰흙을 단단하게 반죽해서 갖다 붙인단 말이야. 빈 화살을 먼저 쏘면, 그게 물동이를 뚫고 지나가지 않겠어? 그럼 뒤따라 찰흙 묻힌 화살이 날아가서 그 구멍을 틀어막아. 그러면 물동이 인 아주머니는 아무것도 모르고 그냥 가는 거지.

어쨌든 이렇게 활을 잘 쏘아서 이 사람 별명이 '활꾼'이거든. 이 활꾼이 사냥한다고 여기저기를 돌아다녀. 하루는 높은 고개를 넘는데, 한참 허위허위 올라가다 보니 저 고갯마루에 웬 사람이 앉아서 쉬고 있거든.

'옳지, 심심하던 차에 저이하고 길동무해서 함께 가야겠군.'

하고서 재게 올라갔지. 몇 걸음 걷다가 보니, 뭐 바람 소리가 '쉬익' 하고 나면서 옆으로 무엇이 스쳐 지나가는 것 같거든. 방금 뭣이 지나갔을까 하면서 고갯마루를 쳐다보니, 이게 웬일. 그새 사람이 없어졌구나.

'별일 다 보겠군. 방금 있던 사람이 그새 어딜 갔담.'

하고서 두리번두리번 살피니까, 아 글쎄 방금 고갯마루에 있던 사람이 언제 갔는지 저 아래 고개 밑에 가 있네. 이거 보통 사람이 아니구나.

"여보시오, 여보시오. 게 좀 기다리시오."

이렇게 소리를 치면서 오던 길을 되짚어 달려 내려갔지. 내려가 보니 키가 서 발 장대 같은 사람이 떡 서 있는데, 한쪽 다리를 묶었구나. 어떻게 된 영문인지 알기나 좀 알자고,

"당신이 조금 전에 고갯마루에서 쉬던 사람 아니오?"

"그렇소."

"그런데 무슨 재주로 그새 여기까지 내려왔소?"

"걸음이 빨라서 그렇다오."

"그러면 그 다리는 왜 묶어 가지고 다니오?"

하고 물으니, 이 사람이 그만 엉엉 우네. 울면서 하는 말이,

"내 말 좀 들어 보시오. 나는 걸음이 너무 빨라서 한번 달렸다 하면 눈 깜짝할 사이에 고개 두어 개 정도는 후딱 넘지요. 그런데 너무 빨리 달리니까 도대체 이 좋은 경치 구경을 할 수가 있어야지요. 그래서 좀 천천히 가려고 이렇게 한쪽 다리를 묶어 가지고 다닌다오. 아이고, 내 팔자야."

이러고 능청을 떠네. 들어 보니까 참 재주가 놀랍단 말이야. 그래서 어떤가 보려고 내기를 걸었어.

"저기 십 리 밖에 가물가물하는 나무가 보이지요? 내가 저 나무에다 활을 쏠 테니, 당신이 달려가서 화살을 뽑아 올 수 있겠소?"

"그거야 식은 죽 먹기지요."

이렇게 해서 활꾼이 활을 쏘았어. 화살이 '쉬익' 하고 날아가자마자 다리

묶은 사람도 '쉬익' 하더니 안 보여. 조금 있으려니까 '쉬익' 하더니, 이 사람이 화살을 뽑아 가지고 오거든. 화살을 주면서 하는 말이,

"거참, 지루해서 혼났네. 나무에 가서 아무리 찾아봐도 화살이 없기에 난 또 화살이 빗나갔나 했지. 그런데 한참 있으니까 그제서야 화살이 나무 기둥에 탁 박히지 않겠소? 그래서 뽑아 가지고 단숨에 달려왔지요."

이러거든. 말하자면 화살보다 더 빨리 가서 기다렸다 이 말이야. 하하.

어쨌든 이 두 사람이 서로 재주 많은 걸 알고 함께 다니기로 했어. 잘 달리는 사람은 별명이 '번개'라네. 번개처럼 빠르다는 뜻이겠지. 활꾼하고 번개하고 같이 가는데, 어느 고개를 넘다 보니, 웬 사람이 넓적한 바위 위에 턱 올라앉아서 엉엉 울고 있단 말이야. 눈물을 줄줄 흘리면서 아주 서럽게 울어.

"여보시오, 여보시오. 당신은 무슨 슬픈 일이 있어서 그렇게 울고 있소?"

하고 물으니까,

"까치가 불쌍해서 운다오."

이러고 하염없이 우네. 무슨 까치가 불쌍하다는 건지, 아무리 둘러봐도 까치 같은 건 없거든. 그래서 또 물었어.

"우리는 아무리 봐도 까치가 안 보이는데, 대관절 무슨 까치가 불쌍하다는 거요?"

그러니까 이 사람이,

"당신네들 눈에는 안 보이겠지만, 지금 저기 삼십 리 밖에 까치 둥지가 하나 있는데, 구렁이란 놈이 까치 새끼를 잡아먹으려고 슬슬 기어올라가고 있다오. 가만히 두면 까치가 모두 죽을 텐데, 어찌 불쌍하지 않단 말이오?"

이러면서 또 엉엉 우네.

그러니까 이 사람은 눈이 하도 밝아서 아무리 멀리 떨어져 있는 것도 다 보인단 말이지. 참 재주가 놀랍거든. 활꾼이 가만히 생각하더니,

"그러면 당신이 그 구렁이 있는 곳을 손가락으로 가리키시오. 내가 활로 구렁이를 쏘아 맞혀 볼 테니."

그래서 눈 밝은 사람이 손가락으로 구렁이 있는 곳을 딱 가리키니까, 활꾼이 그쪽으로 활을 쏘았어. 화살이 '쉬익' 하고 날아가서 이내 안 보이거든. 안 보여서 답답하니까,

"어찌 됐소?"

"좀 가만있어 봐요. 아직 날아가고 있으니."

좀 있다가 또,

"어찌 됐소?"

"아직 날아가고 있어요."

그러다가 눈 밝은 사람이 손뼉을 딱 치네.

"야, 맞았다. 구렁이가 맞았어요."

이제 까치가 살았다고 좋아하거든. 그러니까 번개가 제 눈으로 직접 안 보고는 못 믿겠다고 하면서, '쉬익' 하고 달려가더니 금세 돌아와.

"정말이네. 구렁이는 죽고 까치가 살았어요."

이렇게 해서 재주 많은 세 사람이 이제 함께 길동무가 돼 가지고 가는 거야. 눈 밝은 사람은 별명이 '먼눈'이라네. 멀리까지 볼 수 있다고.

그런데 이때 압록강 너머 중국 땅에 구두쇠 한 사람이 살았는데, 이 사람에게 딸이 하나 있거든. 이 딸이 달리기를 얼마나 잘하는지, 근처에 사는 사람 중에는 아무도 당할 사람이 없어. 이 구두쇠가 자기 딸을 내세워서 내

기를 해. 어떻게 하느냐 하면, 우리 나라 사람들이 장사를 하려고 압록강을 건너가면, 거기서 떡 기다리고 있다가 우리 나라 사람을 불러 놓고,

"누구든지 우리 딸하고 달리기 시합을 해서 이기면 내 전 재산을 주겠소. 만약에 지면 삼 년 동안 새경 한 푼 없이 우리 집에서 머슴살이를 하면 되오. 어떻소?"

이러고 내기를 거는데, 웬만한 사람은 다 얼씨구나 좋다고 나서는 거야. 왜냐하면 상대가 어린 여자아이니까 얕보고 그러는 거지. 그렇게 해서 달리기 시합을 하면 판판이 그 딸한테 지거든. 그러면 할 수 없이 그 집에서 머슴살이를 하는데, 이렇게 모인 머슴이 서른 명도 넘어. 이 사람들을 마구 부려 먹고 돈 한 푼 안 주는 거지.

재주 많은 세 사람이 이 소문을 들었거든.

"옳지, 우리가 가서 그 구두쇠를 혼내 줍시다."

하고 당장 압록강을 건너 중국 땅에 갔어. 가 보니 아닌 게 아니라 구두쇠가 떡 기다리고 있다가 내기를 걸거든. 그래서 내기를 했어. 어떤 내기를 했느냐 하면, 거기서 백 리 떨어진 백두산 기슭에 가서 샘물을 한 바가지 떠 가지고 돌아오기 시합을 했단 말이야. 누구든지 바가지에 물을 안 흘리고 먼저 돌아오는 사람이 이기는 거지.

그래서 번개가 시합에 나서는데, 아 이 사람이 글쎄 한쪽 다리를 꽁꽁 묶네.

"아이고, 그러다가 시합에서 지면 어쩌려고 그러시오?"

하고 활꾼과 먼눈이가 말리니까,

"걱정 마시오. 내가 두 발로 달리면 너무 빨리 달리게 되고, 그러면 이 좋은 백두산 경치 구경도 못 할 테니 그래서야 쓰겠소?"

이러고 부득부득 한쪽 다리를 묶고 달린다는 거지. 고집을 부리는데 별 수 있어? 그럼 그러라고 하고 이제 시합을 시작했는데, "준비, 땅!" 하니까 둘다 먼지만 폴싹 일으키고 안 보여. 하도 빨라서 달리는 모습도 안 보여.

활꾼과 먼눈이는 높은 언덕에 올라갔어. 먼눈이가 그 밝은 눈으로 달리는 모습을 다 보고 활꾼에게 가르쳐 주는데,

"어떻게 됐소?"

"우리 번개가 오 리 앞서 가요."

조금 있다가 또,

"어떻게 됐소?"

"번개가 십 리 앞섰소."

또 조금 있다가,

"어떻게 됐소?"

"번개가 이십 리 앞섰소. 이제 백두산에 다 갔소."

그러다가,

"아이쿠, 저런. 큰일났네."

하고 먼눈이 얼굴이 하얗게 질리는구나.

"왜, 무슨 일인데 그러시오?"

"글쎄, 번개가 물을 한 바가지 떠 가지고 돌아오는데, 이제야 물 뜨러 가던 딸애가 번개 다리를 걸었지 뭐요? 그래서 물은 다 쏟아지고, 번개는 한쪽 다리를 묶어 놔서 일어나지도 못하고 버둥대고 있소. 이 일을 어쩌면 좋지?"

둘이서 발만 동동 굴렀지. 그러다가 활꾼이,

"그럼 당신이 번개가 넘어져 있는 곳을 손가락으로 가리키시오. 다리 묶

은 끈의 매듭을 잘 가리켜야 하오."

하거든.

"그러다가 딴 데를 쏘면 어쩌려고?"

"글쎄, 나한테 맡기고 가리키기나 잘 가리키시오."

그래서 먼눈이가 번개 다리 묶은 끈 매듭을 딱 가리키니까, 활꾼이 그쪽으로 활을 쏘았어. 화살이 '쉬익' 하고 날아가더니 안 보이거든.

"어떻게 됐소?"

"좀 가만히 있어요. 아직 날아가고 있으니."

한참 있다가 먼눈이가 손뼉을 치네.

"야, 맞았다. 끈에 맞고 매듭이 풀렸어요."

한쪽 다리 묶고도 잘 달리던 번갠데, 끈이 풀려 두 다리로 달리니 어떻게 되겠어? 그야말로 번개 같지 뭐. 그동안 딸아이는 벌써 샘물을 떠 가지고 돌아오는데, 번개는 당장 일어나서 샘물을 다시 떠 가지고 딸애를 따라잡는 거지. 먼눈이가 또 그 모습을 보고 활꾼에게 가르쳐 주는데,

"어떻게 됐소?"

"십 리 뒤에 따라가요."

조금 있다가 또,

"어떻게 됐소?"

"오 리 뒤에 따라가요."

또 조금 있다가,

"어떻게 됐소?"

"이제 다 따라잡았소. 저기 오네. 저기."

번개가 딸아이보다 한 발 앞서 돌아왔어. 그래서 이긴 거지. 구두쇠는 땅

을 치고 통곡을 하면서, 제발 재산을 다 가져가지 말고 남겨 달라고 싹싹 빌어.

"당신 재산은 한 푼도 가져가지 않을 테니, 그 대신 머슴 살고 있는 우리 나라 사람들을 다 내보내시오. 그리고 이제는 그런 내길랑은 하지 마시오."

하니까, 그렇게 하겠다고 약속을 해. 그래서 머슴 사는 사람들 다 구하고, 우리 나라로 돌아와서 오래오래 잘 살았대.

《조선족민간고사 연변의 견우직녀》 다시 쓰기 → 고쳐 쓰기

남보다 뛰어난 재주를 가진 사람 이야기는 주인공이 이름 없는 백성이어야 기죽지 않고 재미있게 들을 수 있다. 또 그 재주는 나쁜 사람을 혼내 주거나 불쌍한 사람을 돕는 데 써먹어야 도덕의 틀에서 벗어나지 않는다. 그러나 주제에 너무 매달릴 필요는 없다. 재주 있는 사람이 그 재주를 써먹는 과정을 보여 주는 것으로 충분하다. 재주는 과장될수록 재미있다.

이 이야기는 본디 모습을 많이 고쳤는데, 글쓴이가 실제로 들은 이야기의 재미있는 부분과 섞어 쓰느라 그렇게 되었다. 주인공들이 재주를 은근히 자랑하면서 능청을 떠는 대목이 특히 재미있는데, 이를테면 번개가 너무 빨리 달려서 경치 구경을 못 한다고 엉엉 우는 대목에 이르면 누구든지 그 능청스러움에 혀를 차며 웃지 않을 수 없다. 활꾼이 먼눈이에게 보이는 것을 가르쳐 달라고 자꾸 묻는 대목은 지루할 만큼 되풀이해 들려주어도 좋겠다.

볍씨 한 알

옛날에 한 사람이 농사를 지어서 살림을 제법 일구었대. 그러니까 먹고 살 만한 거지. 그런데 이 사람이 아들이 셋이거든. 며느리도 셋이고. 이제 늙어서 살림을 물려줘야겠는데, 어떤 며느리가 살림을 잘 사는지 시험을 해 보려고, 하루는 세 며느리를 불렀대.

먼저 맏며느리를 불러 가지고는 볍씨 한 알을 주면서,

"자, 이것이 아주 귀한 것이니 잘 받아라."

하니까, 이 맏며느리가 뭐 금은보화라도 되나 보다 하고 공손하게 받았는데, 가지고 나와서 들여다보니까 겨우 볍씨 한 알이거든.

"에이, 우리 아버님이 연세를 많이 잡수시더니 노망하셨나 봐."

이러고 볍씨를 내던져 버렸대.

이번에는 둘째 며느리를 불러서,

"자, 이것 받아라. 아주 귀한 거니 잘 간수해야 돼."

하고, 또 볍씨 한 알을 주었어. 둘째 며느리도 뭔가 하고 받아 가지고 나와서 들여다보고는, 볍씨 한 알이니까,

"아이고, 아버님이 장난도 심하셔."

하고는, 그냥 볍씨를 홀라당 까먹어 버렸대.

이제 막내 며느리 차례야. 막내 며느리도 똑같이 볍씨 한 알을 받았는데,

'이것을 주실 때는 무슨 뜻이 있나 본데, 이걸 어디에 쓴담?'

하고 생각하다가, 말총을 하나 뽑아서 올가미를 만들었어. 그리고는 마당 구석에 볍씨 한 알을 갖다 놓고 그 옆에 올가미를 놓고는, 끝을 잡고 기다렸지. 조금 있으니 참새 한 마리가 날아오더니, 볍씨가 있으니까 먹으려고 내려앉거든. 그때 올가미를 탁 잡아당겨서 참새를 잡은 거야.

그런데 마침 옆집에서 약에 쓴다고 참새를 구하러 다니네. 그래서 참새를 주고, 대신 달걀 하나를 얻었어. 막내 며느리는 그 달걀을 깨 먹지 않고, 암탉이 알을 품을 때 둥지에 넣어 놨네. 그러니 병아리가 깨지 않겠어. 볍씨 한 알이 이제 병아리 한 마리가 된 거지.

막내 며느리는 그 병아리를 고이고이 잘 길렀어. 그러니 얼마 안 가서 큰 암탉이 되겠지. 그게 또 알을 낳을 게 아니야? 알을 한 개만 낳는 게 아니라 여러 개를 낳지. 그걸 또 둥지에 넣어 놓으니 암탉이 품어서 병아리가 깨나지. 이렇게 해서 병아리가 여러 마리 되었어.

그 병아리가 커서 또 암탉이 되고, 또 알을 낳아서 병아리가 깨고 해서 닭이 아주 많아졌어. 그걸 몇 마리 팔아서 이번에는 돼지를 한 마리 샀거든. 이 돼지를 잘 키워 놓으니 또 새끼를 쳐. 이걸 또 잘 키워서 몇 마리 팔아 가지고 송아지를 한 마리 샀어.

송아지가 커서 어미 소가 되고 또 송아지를 낳고 해서, 이 소를 팔아서 논을 샀어. 논 서 마지기를. 볍씨 한 알이 논 서 마지기가 된 거지. 이러다 보니 벌써 삼 년이 지났네.

삼 년이 지나서, 하루는 시아버지가 또 며느리를 불렀어. 먼저 맏며느리를 불러 놓고,

"너 삼 년 전에 내가 준 볍씨 한 알 어떻게 했느냐?"

하고 물었어. 그러니 맏며느리가 얼굴만 빨개지고 아무 말 못 하거든. 뭐 그런 일이 있었다는 것도 잊어버리고 있었으니 할 말이 있겠어?

그다음에는 둘째 며느리를 불러서,

"그때 내가 볍씨 한 알 준 것 어떻게 했느냐?"

하고 물으니까,

"예, 버리기 아까워서 까먹었습니다."

이러거든. 그러냐고 하고, 이번에는 막내 며느리를 불러서 물으니까,

"예, 여기 있습니다."

하고 뭘 내놓는데, 그게 서 마지기 논 문서거든. 어떻게 된 거냐고 물으니, 그동안 볍씨가 참새 되고, 참새가 달걀 되고, 달걀이 병아리 되고, 병아리가 암탉 되고, 암탉이 돼지 되고, 돼지가 송아지 되고, 송아지가 어미 소 되어서 논 서 마지기 된 내력을 다 이야기했겠지. 그러니 시아버지가 무릎을 탁 쳐.

"봐라. 세 며느리가 똑같이 볍씨 한 알씩 받았는데, 맏이는 그냥 내버렸고, 둘째는 까먹었고, 막내는 그것으로 살림을 일구었다. 이러니 내가 누구를 믿어야 하겠느냐? 이 집 살림은 이제부터 막내가 맡고, 맏이와 둘째는 남편과 함께 집을 나가거라. 나가서 재주껏 벌어먹고 살다가 십 년 후에 돌아오너라."

그래서 할 수 없이 맏이네와 둘째네는 집을 나갔어. 나가 보니 막막하거든. 어찌어찌 고생해서 겨우 집 한 칸 마련하고 살아가는데, 죽을 고생을 다 해. 그렇게 고생하다 보니 쌀 한 알 소중한 것도 알게 되고, 살림 일구는 법도 알게 됐지. 그럭저럭 십 년이 되어 돌아와 보니, 아버지는 벌써 세상

을 떠나고 대들보에 유언만 남아 있더래.

그 유언에는,

"이제 모두 살림 소중한 것을 알게 되었을 테니 막내가 가진 재산을 똑같이 나누어 가지고, 서로 우애 있게 잘 살아라."

하고 씌어 있더래. 그래서 삼형제가 모두 아버지 못지않게 잘 살더래.

《전북민담》 받아 쓰기 → 다시 쓰기

명심보감을 풀이해 놓은 듯한 이야기여서 좀 딱딱하고 지루한 느낌이 있지만, 이런 이야기도 아이들에게 좋은 약이 될 수 있다. 물건 귀한 줄 모르고, 물건을 만든 사람의 고마움을 미처 깨닫지 못하고 마구 버리거나 돈을 마구 쓰는 아이들에게 "아껴 써라. 저금을 해라" 하고 잔소리하기보다는 이런 이야기를 한자리 들려주는 것이 낫겠다.

바우와 잉어

옛날에 '바우'라고 하는 아이가 살았거든. 세 살 때 어머니를 여의고, 열 살 때 아버지마저 돌아가시니 고아가 되었는데, 물려받은 재산도 없으니 어떡하겠어? 남의 집 머슴 살러 들어갔지 뭐.

바우가 한 십 년 머슴살이를 했어. 그런데 주인이 얼마나 구두쇤지, 일은 죽도록 시키면서 새경은 한 푼도 안 주네. 십 년 동안 머슴살이에 벌어 놓은 돈은 없고 해서,

'에라, 어디를 가든 이렇게 사는 것보다야 낫겠지.'

하고 그 집을 떠나기로 했어. 주인한테 말을 하니, 주인이 십 년 새경을 쳐 준다는 게 달랑 단돈 서 푼이야. 그걸 받아 들고 길을 떠나는 거지.

정처 없이 걷다가 어느 강가를 지나는데, 모래밭에 아이들이 빙 둘러서서 장난을 치고 있단 말이야. 가 보니까, 얘들이 어디서 잉어를 한 마리 잡아 놓고, 가지고 놀고 있어. 그런데 잉어가 눈물을 뚝뚝 흘려. 그걸 보니 불쌍해서 안 되겠거든.

"얘들아, 그 잉어 나한테 팔아라. 돈 서 푼 줄 터이니."

하고, 돈 서 푼 다 주고서 그 잉어를 샀어. 그리고는 강물에 놓아주었지. 놓아주고 또 길을 떠나려는데, 강물이 이상해. 잉어가 헤엄쳐 들어간 자리가

막 부글부글 끓어. 이렇게 들여다보고 있자니까, 그 부글부글 끓는 데서 큰 거북이 한 마리가 쑥 나타나더니 엉금엉금 기어나와. 그리고는 등을 척 돌려대. 타라는 뜻인가 보다 하고 넙죽 올라탔지. 그러니까 이 거북이가 강물 속으로 쑥 들어가네.

그런데 참 신기한 일도 다 있지. 물속으로 들어갔는데도 숨도 안 막히고 보이는 것 다 잘 보이더래. 한참 깊은 곳으로 들어가니까 으리으리한 용궁이 나와. 거기에 들어가니, 용왕이 앉아 있다가 반색을 해.

"내 딸을 살려 주신 은혜를 갚으려고 이렇게 모셔 왔으니, 여기서 며칠 동안 쉬고 가십시오."

그 잉어가 용왕의 딸이었던가 봐. 그래서 며칠 동안 용궁에서 대접 잘 받고 쉬었지. 이제 떠날 때가 되었는데, 용왕의 딸이 오더니 귓속말로,

"만약 아버지가 원하는 물건이 무엇이냐고 묻거든, 다른 것은 다 필요 없고 부엌문에 걸려 있는 밥주걱을 달라고 하세요."

하는 거야. 그러마고 하고, 이제 하직 인사를 하는데 정말로 용왕이 물어.

"여기 용궁에 있는 물건 중에서 무엇이든지 갖고 싶은 게 있으면 말하시오."

그래서 용왕의 딸이 시킨 대로,

"저는 다른 것은 다 필요 없고, 부엌문에 걸려 있는 밥주걱을 갖고 싶습니다."

했거든. 그러니 용왕이 좀 놀라면서 한참 망설이더니 그걸 내줘. 그래서 밥주걱을 받아서 허리에 차고, 또 거북이 등을 타고 바깥세상으로 나왔지. 나와서 또 정처 없이 길을 가는데, 가다 보니 다리도 아프고 숨도 차고 해서 길가에 앉아 쉬었어. 쉬다가 보니, 이렇게 앉아서 쉴 것이 아니라 방 안에

이부자리 깔고 누워서 한숨 잤으면 좋겠단 말이야. 그렇지만 집이 있어, 절이 있어. 돈도 한 푼 없고 말이야. 그래서 탄식을 했지.

"조그마한 오막살이라도 좋으니 내 집이 있었으면 좋겠다."

그랬더니 허리에 찬 밥주걱이 덜렁덜렁 흔들리는가 싶더니, 갑자기 눈앞에 오막살이 집 한 채가 떡 나타나네. 거참 신기하지.

그래서 바우는 거기에 들어가서 잘 쉬었어. 쉬고 나니 또 배가 고프거든. 그래서 또 혼잣말로,

"나물반찬뿐이어도 좋으니 밥 한 그릇 먹었으면 좋겠다."

했거든. 그러니까 또 밥주걱이 덜렁덜렁하더니 눈앞에 나물반찬하고 밥 한 그릇 차려진 밥상이 떡 나타나. 그걸 또 잘 먹었지. 먹고 나서, 딱히 갈 데도 없으니까 그만 거기서 눌러살았어. 때마다 밥주걱이 밥을 다 해 주니까 뭐 걱정이 있어. 옷이 다 떨어지면, "옷 한 벌 해 입었으면 좋겠다" 하면 주걱이 덜렁덜렁, 옷이 떡 나타나니 얼마나 좋아.

그런데 이 소문이 퍼지고 퍼져서 고을 사또 귀에 들어갔나 봐. 사또가 소문을 듣고 보니, 밥주걱이 몹시 탐이 나거든.

'그 밥주걱은 내가 가져야 해. 바우라는 바보 녀석은 그런 보물을 갖고도 매일같이 나물반찬에 무명옷만 입고 산다지. 나 같으면 진수성찬에다 비단옷을 둘둘 감고 살 텐데. 그런 보물을 무식쟁이가 쓰도록 내버려 둘 순 없지.'

이렇게 생각한 사또는 당장 바우를 잡아들이라고 호령을 했어. 바우는 영문도 모르고 잡혀갔지. 사또가 바우를 잡아 놓고는 트집을 잡는데,

"네 이놈! 그 밥주걱을 어디서 훔쳤는지 바른 대로 고하렷다!"

"훔치다니요. 저는 그저 잉어를 구해 주고 용궁에 가서 얻어 온 것뿐입니

다요."

사또가 생각해 보니, 보는 사람도 있고 해서 그냥 빼앗을 수는 없겠거든. 뭔가 트집을 잡긴 잡아야겠는데 말이야. 그래서 한다는 말이,

"저놈이 그래도 거짓말을 하는구나! 이제 보니 네놈은 거짓말을 밥 먹듯이 하는 거짓말쟁이니, 얼마나 거짓말을 잘하는지 시험해 보겠다. 내일까지 석 섬 서 말 되는 거짓말을 내놓되, 단 한마디라도 참말이 있으면 그 주걱을 내게 바쳐야 하느니라."

이러네. 바우가 이날 이때까지 거짓말이라고는 한마디도 안 해 봤거든. 이 일을 어쩌나 하고 전에 잉어를 놓아준 그 강가에 가서 한숨을 푸푸 내쉬고 앉아 있으려니까, 물살이 갈라지더니 잉어가 고개를 쑥 내밀어.

"무슨 걱정이 있어서 그러고 계시나요?"

그래서 바우가 지금까지 일어났던 일을 다 말했지. 그러니까 잉어가 뭐라고 뭐라고 가르쳐 줘.

다음 날 바우가 사또 앞에 나아가서 잉어가 일러 준 대로 거짓말을 늘어놓았어.

"옛날에 팔다리가 없는 사람이 목이 없는 소에게 바퀴 없는 수레를 매어 끌고, 새끼줄 세 뼘을 가지고 가지 없는 나무를 하러 갔습니다."

"그래서?"

"이 사람은 나무를 팔백 단 하여 세 뼘 되는 새끼줄로 앞에서 뒤로 여덟 번, 위에서 아래로 여덟 번씩 마흔아홉 번을 묶고는, 남은 줄로 수레바퀴를 세 번 감았습니다. 그리고 집으로 돌아오다가, 대들보도 서까래도 없고 창도 문도 없는 집을 보았습지요."

"그래서?"

"송곳으로 벽에 눈알만 한 구멍을 뚫고 그 구멍으로 집 안에 들어가 보니, 뒤집혀 있는 솥에서 죽이 끓고 있었답니다. 단숨에 죽을 다 먹고 천장을 쳐다보니, 천장에 쇠고기가 걸려 있어서 그것을 얼음덩이로 만든 아궁이에 구웠습니다. 구운 쇠고기를 죽은 소의 콧구멍에 넣어서 집에 돌아와 보니 쇠고기가 녹아서 물이 열다섯 섬이나 나왔습지요."

사또는 화가 머리끝까지 났지만, 제 입으로 거짓말을 하라고 했으니 어쩔 도리가 있어? 할 수 없이 또 트집을 잡기를,

"이놈! 내일까지 석 섬 서 말 되는 벼룩과 빈대를 잡아서 대령하렷다. 만약 영을 어기면 네 목을 벨 것이니라."

이러거든. 그 많은 빈대 벼룩을 어디 가서 잡아? 바우가 또 강가에 나가서 한숨만 푹푹 쉬고 있으니, 물살이 갈라지면서 잉어가 나와.

"오늘은 또 무슨 걱정이 있나요?"

그래서 잉어에게 사실대로 말했지. 그러니까 잉어가 아무 소리도 없이 물속으로 쑥 들어가더니, 조금 있다가 병 두 개를 물고 나와서 던져 줘. 들여다보니 병 하나에는 검정깨가 들어 있고, 다른 병에는 메밀이 가득 들어 있거든. 그걸 가지고 그다음 날 사또한테 갔네.

가서 병뚜껑을 여니까, 검정깨는 죄다 벼룩으로 변하고 메밀은 모두 빈대로 변해서 마구 기어 나오더니 눈 깜짝할 사이에 사또 몸으로 기어올라가.

"아이쿠, 따가워. 아이쿠, 가려워."

사또가 펄쩍펄쩍 뛰면서 빈대 벼룩 잡는다고 난리가 났지. 구경하던 사람들은 모두 그 꼴을 보고 우스워 죽겠다고 웃느라 난리나고.

《조선족민간고사 연변의 견우직녀》 다시 쓰기 → 고쳐 쓰기

이 이야기에서 가장 음미해 볼 만한 부분은 사또가 거짓말과 빈대 벼룩을 요구하는 대목이다. 왜 하필이면 거짓말과 빈대 벼룩일까. 백성들 눈으로 보면 벼슬아치들만큼 거짓말 잘하고, 백성들 피를 잘 빠는 무리는 없다. 그런 벼슬아치가 거짓말과 빈대 벼룩을 요구하는 것은 엄청난 역설이다. 실제로 이 이야기를 채록한 '연변 민간문학연구회'는 바우 아내의 입을 빌려 이 대목을 이렇게 다시 썼다.

"관가의 거짓말은 삼천 석, 아니 삼만 석보다 많은데 설마 우리가 석 섬 서 말 정도 내놓지 못할까요?"

"관가에서 백성의 피를 빠는 것은 석 섬 서 말 벼룩이나 빈대보다 백배, 천배 더 지독하지 않아요?"

본디 이야기에서는 용왕의 딸이 바우와 결혼하고, 끝에는 벼룩과 빈대가 사또와 아전들 몸을 깡그리 먹어 치우는 것으로 되어 있다. 아이들 정서에 맞추어 줄거리를 조금 고쳐 썼다.

중국 임금이 된 머슴

머슴이 임금 된 이야기 하나 하지. 옛날에 남의 집 머슴 사는 총각이 살았거든. 이 총각이 일을 잘해서 농사를 다락같이 지어 놨는데, 주인이 수고했다는 말은 않고 밥 많이 먹는다고 구박이야.

"너 밥을 그렇게 많이 먹다간 우리 집 살림 다 들어먹겠다."

이러면서 먹던 밥까지 빼앗아 가네. 총각이 화가 나지 안 나겠어.

'에라. 이 집 나가서 딴 데 가서 머슴 살고 말지.'

생각하고는,

"나 나간다. 나 나간다."

한다는 것이 말이 새서,

"나 난다, 나 난다."

이러거든. 주인이 들어 보니, 난데없이 난다네. 하늘로 훨훨 나는 줄 알고,

"야, 이놈아. 네가 정말 난단 말이냐?"

하고 물으니까, 총각이 슬그머니 장난기가 돌았어. 그래서,

"아, 내가 날지요."

"어디 그럼 날아 봐."

그러니까,

"아이고, 내가 우리 고을 사또가 날아라고 해도 날지 말지 한데, 영감님이 날아란다고 날겠어요? 원, 별소리를 다 하세요."

했거든. 이 영감이 그 소리를 듣고는 당장 사또에게 달려가서 고해바쳤네. 우리 집 머슴 사는 놈이 이러이러한 말을 했다고 말이야. 그러니까 사또가 영을 내려서 이 머슴을 잡아갔어. 데려다 놓고,

"네가 정말 나느냐?"

하니까, 이 머슴이 이제 장난질에 이골이 났네. 큰소리를 쳐.

"예, 납니다."

"어디 한번 날아 보아라."

그러니까,

"아이고, 나라에 임금님이 날아라고 해도 날지 말지 한데, 사또님이 날아란다고 날겠습니까? 안 날지요."

이러니 사또가 화가 나서,

"이놈을 당장 큰 칼 씌워서 옥에 가두어라."

하고는 당장 나라의 임금님한테 상소를 올렸네. 우리 고을에 이러이러한 머슴이 이러이러한 말을 했다고 말이지. 그러니까 임금님이,

"당장 불러 올려라."

해서 또 임금님 앞에 불려 갔어. 임금님이 묻기를,

"네가 정말 날 줄 아느냐?"

하니까 이 머슴이 참 딱하게 됐거든. 이제 와서 못 난다고 하면 거짓말한 죄로 벌을 받을 것이고, 이러나저러나 벌 받기는 마찬가지 아니겠어? 에라 모르겠다 하고 또 큰소리를 쳤어.

"예, 날다 뿐입니까."

"그럼 어디 한번 날아 보아라."

하니까,

"아이고, 중국 임금이 날아라고 해도 날지 말지 한데, 임금님이 날아란다고 날겠습니까? 못 날지요."

이러고 간 큰 소리를 하네. 임금님이,

"그것 참 맹랑한 놈이로구나. 갖다 가두어라."

하고 머슴을 옥에 가두었어.

그런데 소문이 얼마나 빠른지, 그 소식을 중국 임금이 들었나 봐. 조선에 사신을 보내 가지고는,

"당신네 나라에 나는 사람이 있다니, 구경 좀 하게 보내 주시오."

하거든. 그래서 이 머슴이 이제 중국까지 가게 됐네그려. 중국에 가니까, 조선에서 나는 사람 온다는 소문이 퍼져서 구경꾼이 온 장안에 들어차게 모였어. 모여서 머슴을 보고 손가락질을 하고 저희들끼리 수군대고 난리났지, 뭐. 이 머슴이 아주 거만하게 뽐을 내면서 중국 임금 앞에 떡 나갔지.

"그래, 네가 날 수 있느냐?"

이제는 뭐 어떻게 할 도리도 없게 됐으니, 또 큰소리를 치는 거지.

"예, 잘 날지요."

"한번 날아 봐라."

하니까,

"아이구, 그거 아무 때나 나는 것이 아닙니다. 나는 일이 얼마나 어려운데 시도 때도 없이 날아요?"

했거든.

"그럼 언제 날 수 있느냐?"

까짓것, 중국까지 왔으니 실컷 구경이나 하고 죽자고 생각하고,

"한 달 뒤에나 날지요. 그 전에는 절대 못 날아요."

"그럼 한 달 뒤에 보자."

이러고 나왔는데, 나는 사람 왔다고 대접을 아주 잘해 줘. 잘 얻어먹고, 구경 잘하다가 약속한 날이 되었단 말이지. 중국 임금 앞에 불려 갔어.

"오늘이 난다고 한 날이 아니냐?"

"예, 맞습니다. 이제 제가 날 테니, 저 큰 산 밑에 가서 기다리십시오. 산꼭대기에 올라가서 날 테니까요."

그래서 중국 임금하고 구경꾼들이 모두 산 밑에 가서 와글와글거리는데, 혼자서 산으로 올라갔단 말이야. 산꼭대기에 올라가서 이리 보고, 저리 보고 돌아다니면서 이제 떨어져 죽을 데를 찾거든. 까짓것, 떨어지는 거나 나는 거나 그게 그거지 뭐, 하고서.

그렇게 다니다 보니, 어디서 말소리가 들려. 가까이 가 보니, 조그마한 토끼 두 마리가 옷과 부채를 놓고 아웅다웅하고 있거든. 가만히 보니, 무당이 굿할 때 쓰는 부채처럼 방울 달린 커다란 부채가 하나 있고, 스님이 입는 장삼처럼 소매가 넓고 길다란 옷이 한 벌 있단 말이야.

"너희들 여기서 뭘 하니?"

토끼들이 서로 말을 하는데,

"이것은 하늘을 나는 옷이거든요. 이 옷을 입고 부채를 펴서 슬슬 부치면 하늘로 막 올라가는 건데, 이것을 내가 먼저 주웠는데 쟤가 제 것이라고 우기잖아요."

"아녜요. 내가 먼저 주웠는데 쟤가 우기는 거예요."

이런단 말이야. 이것 참 잘되었다 싶어서 토끼들을 잘 구슬렸어.

"얘들아, 너희들 중에서 누가 이걸 갖든지 못 가진 쪽은 섭섭할 것 아니냐. 괜히 이것 때문에 싸우면 사이만 나빠질 테니, 차라리 날 다오. 그게 내 목숨 살리는 물건이다."

그러니까 토끼들이 한참 수군수군하더니 그걸 주네. 고맙다 하고서 그 옷을 입고 부채를 쫙 펴서 부치니까 몸이 둥둥 떠올라. 한참 둥둥 떠서 올라가다 보니, 아차, 내려오는 방법을 안 배웠네. 밑에 가물가물하는 토끼들을 보고 큰 소리로 물었어.

"얘들아, 이거 내려갈 땐 어떻게 하는 거니?"

"부채를 한 쪽씩 접으면 돼요."

그래서 부채를 한 쪽씩 접으니까 몸이 슬슬 내려와. 그렇게 해서 중국 임금이 있는 곳에 덩실덩실 내려갔지. 중국 임금이 아주 놀라서 눈이 왕방울만 해졌어. 머슴한테 묻기를,

"나도 그것 입고 부채질하면 날 수 있을까?"

"그렇겠지요."

"그 옷 좀 빌려 주겠나?"

"그렇게 하세요."

그래서 중국 임금이 옷을 입고 부채를 부쳐서 둥둥 떠 올라갔는데, 너무 높이 올라가서 잘 보이지도 않아. 그런데 이 임금이 내려오는 방법을 알아야지. 그냥 높은 데서 둥둥 떠다니기만 하는 거지.

밑에서는 아무리 기다려도 임금이 안 내려오니까, 조선에서 온 이 사람을 새 임금으로 삼아야 한다고 의논을 해서, 이 머슴이 그만 중국 임금이 되었구나. 하늘로 올라간 헌 임금은 소리개가 됐고. 그 소리개는 아직도 못 내려오고 하늘에서 빙빙 돌고 있대.

머슴이 임금 된 내력이 이렇단다.

〈한국의 민담〉 받아 쓰기 → 다시 쓰기

매우 무거운 주제가 담긴 이야기다. 천하디천한 머슴이 임금, 그것도 우리 지배층이 '대국'이라 떠받들던 중국 임금이 된다는 것은 현실에서는 도무지 불가능한 일이다. 옴짝달싹 못하는 신분 사회에서 이런 '신분 뛰어넘기'는 위태위태하고 어찌 보면 심각하기까지 한 주제이다. 이런 주제일수록 웃음 속에 얼버무려 내놓아야 감칠맛이 산다. 주인공인 머슴의 능청스러움과 이야기꾼의 걸쭉한 입담이 어우러지면 이 심각한 주제가 통쾌한 웃음과 함께 들쩍지근하게 버무려진다. 이것이 옛이야기의 참맛이다. 특히 '○○가 날아라고 해도 날지 말지 한데, 당신이 날아란다고 날겠느냐?' 하는 대목에서 머슴의 배짱과 능청이 아주 부풀려져 웃음을 자아낸다. 머슴의 악의 없는 거짓말보다, 신기한 구경거리가 있으면 안 보고 못 배기는 '한가한 사람들'의 놀음 취미가 더 얄밉다.

떡보의 수수께끼 맞히기

옛날 어느 산골에 한 떠꺼머리 총각이 살았거든. 이 총각은 가난해서 글을 못 배웠어. 그래서 하늘 천 따 지도 모르고, 낫 놓고 기역 자도 몰라. 그런데 떡은 어찌나 잘 먹는지, 어머니가 떡을 한 양푼 해 놓으면 숨도 안 쉬고 한참에 다 먹어 치워. 그래서 이름이 떡보야.

이 떡보가 하루는 장에 갔더니, 사람들이 담벼락 앞에 모여 서서 웅성웅성하고 있단 말이야. 무슨 일인고 싶어서 가 보았더니, 담벼락에 커다란 종이가 붙어 있고 글씨가 씌어져 있는데, 사람들이 그걸 보고 웅성거리거든. 떡보가 무슨 글인지 읽어 보려 해도 당최 글을 알아야지. 그래서 옆에 있는 사람에게 물으니까,

"중국에서 사신이 오는데, 이 사신이 별 희한한 수수께끼를 낼 것이다. 그 수수께끼를 맞힐 사람을 찾는다는, 그런 글이야."

하고 가르쳐 줘. 떡보가 생각하기를, 글은 못 배웠어도 그까짓 수수께끼쯤 못 맞히랴 싶어. 그래서 당장 보따리를 싸서 한양으로 갔어. 임금님 앞에 떡 가서,

"제가 수수께끼를 한번 알아맞혀 보겠습니다."

하고 큰소리를 쳤어. 나라에서는 수수께끼 맞힐 사람을 아무리 찾아도 나

서는 사람이 없어서 걱정을 하고 있던 참인데 얼마나 좋아. 그래서 며칠 대접을 잘해서, 이제 중국 사신이 오는 날 내보내는 거지. 옷을 잘 입히고, 아침밥도 잘 먹여서 보냈는데, 떡보가 아침상을 받아서 다른 음식은 입에도 안 대고 떡만 잔뜩 먹었어. 다섯 양푼이나 먹었거든.

그래서 중국 사신 맞이하러 갔는데, 어디로 가느냐면 압록강으로 가는 거야. 압록강 저편에서는 중국 사신이 배를 타고 오고, 이편에서는 떡보가 배를 타고 가. 그래서 강 한복판에서 만나는 거지. 중국 사신을 보니까, 수염이 허연 영감이 배를 타고 오거든.

그래 배를 타고 슬슬 가까워지는데, 아닌 게 아니라 중국 사신이 수수께끼를 내. 거리가 머니까 말로 못 하고 손짓으로 하는데, 손가락으로 이렇게(둥근 표시) 해 가지고 흔들어. 저게 무슨 뜻일까. 떡보가 짐작을 했어.

'옳지. 제까짓 게 오늘 아침에 동그란 떡을 먹었다는 뜻이구나. 그렇다면 나도 보여 줄 게 있지.'

생각하고는 손가락으로 이렇게(네모난 표시) 네모를 만들어서 막 흔들었어. 자기는 오늘 아침에 네모난 떡을 먹고 왔거든. 그러니까 중국 사신이 깜짝 놀라는 거야. 사실은 중국 사신이 '하늘이 둥근 것을 아느냐?'는 뜻으로 손가락을 둥글게 해 보였거든. 그런데 떡보가 네모를 만들어 보이니까,

'저건 틀림없이 땅이 네모난 것도 안다는 뜻이렷다. 과연 똑똑한 사람이군.'

하고 생각하고 놀란 거지. 옛날 사람들은 땅이 네모나다고 생각했거든.

그다음에 중국 사신이 또 문제를 내는데, 이번에는 손가락을 이렇게(세 개를 펴서) 펴서 흔들어. 저건 또 무슨 뜻일까. 떡보가 금방 짐작을 했지.

'응, 저건 제가 오늘 아침에 떡을 세 양푼 먹고 왔다는 뜻이겠군. 그렇다

면 어림없지.'

하고는, 손가락을 다섯 개 다 펴서 흔들었어. 자기는 오늘 아침에 떡을 다섯 양푼이나 먹었으니 말이야. 그걸 보더니 중국 사신이 또 깜짝 놀라. 사실은 '삼강을 아느냐?'는 뜻으로 손가락 세 개를 펴 보였거든. 삼강오륜이라는 게 있는데 말이야, 떡보가 손가락을 다섯 개 펴 보이니까,

'아하. 저건 삼강뿐 아니라 오륜도 안다는 뜻이로군. 너무나 지혜로운 사람이야.'

이렇게 생각한 거지. 제 꾀에 제가 속은 거지, 뭐.

이제 마지막 수수께끼야. 중국 사신이 '요건 모를 거다' 하듯이 의기양양하게 자기 수염을 슬슬 쓰다듬는 시늉을 하거든. 저건 또 뭐야. 떡보가 한참 생각하다가,

'옳지. 제까짓 게 이제 자랑할 게 없으니까 수염 자랑을 하는군. 그렇다면 나도 자랑할 게 있지.'

하고는, 저고리 섶을 떡 젖히고 이렇게(배를 내미는 시늉) 배 자랑을 했지 뭐야. 떡을 많이 먹었으니 오죽 배가 부르겠어. 그걸 보고는 중국 사신이 손뼉을 치며 감탄을 해. 사실은 '염제를 아느냐?' 하는 뜻으로 수염을 쓰다듬은 거야. 옛날 중국에 염제라는 임금, 복희라는 임금이 있었단 말이야. 그런데 떡보가 배를 쑥 내미니까,

'아니? 저건 배 복 자를 나타내는 게 아닌가? 그럼 염제만 아는 게 아니라 복희까지 안다는 뜻이렷다. 아이쿠, 내가 졌다, 졌어.'

하고 생각한 거지.

그래서 중국 사신은 코가 납작해졌지. 전 같으면 마구 거드름을 피우고 했을 텐데, 아주 공손해져 가지고 모르는 게 있으면 떡보에게 묻고 말이야.

이렇게 잘되었어.

임금님이 기분이 좋아서 떡보에게,

"뭐든지 가지고 싶은 게 있으면 말하여라."

하니까, 떡보는 그저 떡이 최고거든. 그래서,

"저는 다른 것은 다 필요 없고 그저 떡만 실컷 먹으면 됩니다."

했더래. 그래서 평생 떡을 실컷 먹으면서 잘 살았대.

들은 이야기, 떠올려 쓰기

외세는 언제나 우리 겨레의 삶을 위협해 왔다. 더구나 나라를 다스린다는 사람들은 언제나 외세에 빌붙어서 권력의 안정을 꾀했다. 백성들 눈에는 이처럼 외세에 기를 펴지 못하는 권력자들이 한심하기도 하고 꼴사납기도 했을 것이다. 이야기 속에서 외세를 보기 좋게 물리치는 사람은 언제나 이름 없는 백성이지 잘난 권력자들이 아니다.

임진왜란 때 명나라 장수로 우리 나라에 온 이여송은 우리 옛이야기에 자주 나오는데, 어떤 이야기에서든 우리 겨레를 위협하는 인물로 그려진다. 그를 지원군 대장으로 보는 것은 지배층 시각일 뿐이다. 백성들 눈에는 왜군이든 명군이든 똑같은 외세일 뿐이다. 그렇기 때문에 옛이야기는 이여송을 반드시 쫓아내야 할 인물로 그리고, 이름 없는 백성이 보기 좋게 쫓아내는 것으로 마무리한다.

이 이야기에서 떡보는 중국 사신을 꾀로 이기는 것이 아니라 우연으로 이긴다. 그 우연이라는 것도 따지고 보면 중국 사신이 제 꾀에 제가 속아 넘어가는 것이다. 이 이야기를 할 때에는 떡보의 무식을 드러내어 우스운 꼴로 만들지 않도록 조심해야 한다.

아기장수 우투리

옛날에 옛날에, 어느 산골에 가난하게 사는 사람이 아기를 하나 낳았는데, 아 이놈이 어머니 배 속에서 나오자마자 펄펄 걸어 다니고 말까지 하는구나.

이름을 우투리라고 지었는데, 하루는 어머니가 밭을 매고 돌아와서 아기 젖 주려고 방문을 열어 보니, 이게 웬일, 아기가 없네그려. 이상한 일도 다 있다 하고 시렁을 쳐다보니, 아 글쎄 우투리 아기가 시렁 위에 덜렁 올라앉아서 해죽해죽 웃고 있네. 어머니가 깜짝 놀라서 아기를 내려 가지고 젖을 먹이려고 안으니까, 아기 겨드랑이가 까끌까끌해. 이게 뭔고 싶어서 살펴보니, 아기 겨드랑이에 웬 날개가 뾰족뾰족 돋아나고 있잖겠어?

이걸 본 어머니가 그만 얼굴이 새파랗게 질리네.

"아이고, 내가 아기를 낳아도 영웅을 낳았구나. 이 일을 어쩌면 좋아."

영웅을 낳았다고 좋아하는 게 아니라 그만 온몸에 힘이 쑥 빠져. 옛날부터 영웅이 나면 식구들이 다 죽는다는 말이 있거든. 왜 식구들이 다 죽느냐 하면, 영웅은 임금이 될 팔자라서, 그걸 알면 임금이 자기 자리 뺏길까 봐 영웅하고 그 식구들을 다 죽인단 말이야.

그래서 어머니는 식구들이라도 살아야겠다고 생각하고, 이 아기를 맷돌로 눌러 죽일 작정을 했구나. 그런데 우투리가 영웅이라도 아주 큰 영웅이었던가 봐. 어머니 마음속을 훤히 들여다보고 이러는 거야.

"어머니, 제가 어머니 걱정하는 것을 다 알고 있어요. 제가 어머니 손에 죽기 전에 제 발로 집을 나가겠어요. 그러니 소원 한 가지만 들어주세요."

"그래, 소원이 무엇이냐?"

"좁쌀 서 되하고, 메밀 서 말하고, 겨릅대 서른 단을 마련해 주세요."

이러는구나. 겨릅대라는 것은 삼대 껍질을 벗긴 것이 겨릅대야.

그래서 어머니가 부랴부랴 좁쌀 서 되, 메밀 서 말, 겨릅대 서른 단을 마련해 주었어. 그러니까 우투리가 그것을 다 짊어지고 집을 나서는구나.

"어머니, 저 가요. 그런데 나중에라도 어머니가 혹시 저를 보고 싶거든 이 종이쪽지를 가지고 바닷가에 가서 바다를 탁 치세요. 그러면 저를 만날 수 있을 거예요."

이러고 종이쪽지 하나를 주고 가거든.

그런데 그때 이성계가 조선을 세워 임금이 되어 보려고 조선팔도 산신령들한테 허락을 받으러 다니고 있었다네. 백두산 산신령부터 묘향산, 구월산, 금강산, 이렇게 우리 나라 명산이라고 생긴 명산은 다 찾아다니며 제사를 지내서 허락을 받고, 이제 마지막으로 지리산 산신령한테 허락을 받으려고 갔다네. 지리산 산신단에 제물을 차려 놓고 제사를 지내는데.

그때 어떤 소금 장수가 소금 짐을 짊어지고 지리산을 넘어가다가 날이 저물어 버렸네. 이거 큰일이다 하고 섰는데, 마침 거기에 큰 고목나무 한 그루가 있어. 고목나무 밑둥에 커다란 구멍이 뻥 뚫려 있거든.

'옳지. 여기 들어가서 자면 비가 와도 끄떡없겠구나.'

소금 장수는 그 고목나무 밑에 소금 짐을 받쳐 놓고 그 속으로 들어가 잠을 잤다네. 한참 쿨쿨 자고 있는데, 어디서 누가 부르는 소리가 들리거든.

"고목나무 목신, 고목나무 목신."

하고 부르니까,

"어이."

하고 대답을 하는데, 가만히 들어 보니 대답하는 소리는 제가 잠자고 있는 바로 그 고목나무가 대답하는 소리야. 고목나무에 붙은 귀신이지. 말하자면.

"우리가 달리 자네를 찾아온 게 아니고, 지금 이성계가 임금이 되려고 지리산 산신령님한테 제사를 지낸다고 하기에 구경 가자고 왔네."

"고맙네. 나도 그 소문을 들었네마는, 오늘 저녁에 우리 집에 손님이 들어서 나는 못 가네. 자네들이나 가서 구경 잘하고 제삿밥 내놓거든 맛있게 얻어먹고들 오게. 올 적에도 그냥 지나치지 말고 제사 지낸 이야기나 좀 들려주고 가게나."

"어이. 그럼 다녀옴세."

이러고 가거든.

소금 장수가 다시 잠을 쿨쿨 자고 있는데, 저쪽에서 또 부르는 소리가 들려.

"고목나무 목신, 고목나무 목신."

하니까 이쪽에서,

"그래, 구경 잘하고 오는가?"

하고 물어. 그러니 제사 구경한 이야기를 늘어놓는데,

"아이고, 구경이나 마나 이성계 그 작자 사람이 얼마나 칠칠찮은지, 멧밥이라고 밥을 차렸는데, 글쎄 밥에 구렁이가 또아리를 틀고 앉아 있지 뭔가. 산신령님이 왔다가 침을 퉤퉤 뱉고는 가 버리데. 우리도 그걸 보고 나니 지금도 구역질이 나려고 하네."

이런다. 그 구렁이라고 하는 것이 뭐냐 하면, 사람 머리카락이 귀신들한테는 구렁이란다. 그러니 멧밥 지을 때는 조심을 해야 해.

다음 날 아침, 소금 장수가 참 별일도 다 있다 하고 재를 오르다 보니, 저만치 사람들이 내려오는데, 가만히 보니 그것이 이성계 행차 같구나. 소금 장수가 다가가서,

"이성계 행차요?"

하고 물으니 그렇다고 하네. 소금 장수가 이성계를 한쪽으로 데리고 가서 간밤에 들은 일을 죄다 말해 줬네. 그러니 이성계 얼굴이 새파랗게 질린다. 제사를 지내는데 멧밥에 머리카락을 넣어서 귀신 도망가게 만들었으니, 이제 지리산 산신령한테 임금 되는 허락받기는 다 틀렸구나 싶거든. 이성계가 한참 생각하더니,

"내가 당신한테 보답은 톡톡히 할 것이니, 오늘 저녁에도 그 고목나무 속에 들어가서 귀신들 이야기를 들어 보라."

고 시킨다. 그래서 소금 장수는 다시 그 고목나무로 가서 어제처럼 구멍 속에 들어갔지. 들어가서 일부러 잠을 안 자고 귀를 쫑긋 기울이고 있었겠다.

한참 있으니 또 그 귀신들이 와서, 오늘 밤에 이성계가 다시 제사를 지낸다고 하니 구경 가자고 하거든. 그러자 고목나무 귀신이 오늘도 손님이 들어서 못 가겠다고 하는구나. 한참 있으니 영락없이 그 귀신들이 돌아와.

"구경 잘했는가?"

하고 물으니,

"오늘 저녁에는 멧밥을 깨끗하게 잘 차려 놔서 산신령님이 잘 잡수시고, 우리도 잘 얻어먹고 오네."

이러거든.

"그러면 산신령님이 이성계보고 임금이 되라고 허락을 하던가?"

"아니. 그것은 허락을 안 하더군."

"왜?"

"산신령님이 이미 임금 되라고 허락한 사람이 있다더군."

"그게 누군데?"

"우투리라더군."

"우투리?"

"응, 우투리라데."

소금 장수가 그 말을 낱낱이 듣고, 다음 날 또 소금 짐을 지고 산길을 올라가니 어제처럼 또 이성계 행차가 내려오는구나. 소금 장수는 어제 들은 이야기를 그대로 이성계한테 고해바쳤네. 그러니 이성계 얼굴이 금방 찌그러져.

그날부터 이성계가 조선팔도 방방곡곡 우투리를 찾으러 나섰다네. 그런데 팔도 구석구석을 안 간 데 없이 돌아다녀도 우투리를 찾을 길이 없네. 이렇게 몇 년을 헤매고 다니다가, 하루는 어느 산골 마을을 지나는데, 누가 "우투리 어머니!" 하고 이웃집 아주머니를 부르거든. 옳지, 우투리네 집이 여기로구나. 이성계가 그 집으로 썩 들어가서 우투리란 놈이 어디 있느냐고 묻는구나. 어머니가 대답하기를, 우투리는 벌써 오래전에 죽었다고 하거든. 거짓말 말라고 다그쳐도 정말이라고, 자꾸 거짓말할 테냐고 을러대도 끝내 정말이라고 버티거든. 이러고 한참 옥신각신하다가, 이성계가 이렇게 해서는 안 되겠구나 생각하고, 이번에는 금이야 옥이야 비단이야 온갖 보물을 내놓고 어머니를 살살 달랬어. 그러자 어머니가 그만 그 보물에 눈이 뒤집혀, 사실은 우투리가 집을 나갔는데, 이 종이쪽지를 가지고 바다를 치면 자기를 볼 수 있을 거라고 하더란 말까지 다 하고 그 종이쪽지까지 내놓아 버렸네.

이성계는 이제 됐다 하고 바닷가로 가서 종이쪽지로 바다를 탁 치니까, 아 글쎄 그 넓은 바다가 두 쪽으로 쫙 갈라지면서, 커다란 산이 하나 덜렁 나타나네. 이성계가 부하들과 함께 그 산을 샅샅이 뒤졌어. 그런데 아무리 찾아보아도 우투리는커녕 그 넓은 산속에 강아지 한 마리 없구나. 그런데 산 한쪽에 아주 커다란 바위가 하나 있는데, 가만히 보니 우투리가 이 산속에 있다면, 숨어 있을 데라고는 이 바위 속밖에 없겠거든. 그렇지만 바위를 열 재간이 있어야 말이지. 이성계는 그 바위를 이리 쳐다보고 저리 쳐다보고 빙빙 돌기만 하다가 할 수 없이 또 우투리 어머니를 찾아갔지. 가서, 혹시 우투리 낳을 적에 무슨 이상한 일이 없었느냐고 물으니까, 있었다고 그러거든.

"내가 그놈을 낳고서 아무리 탯줄을 자르려고 해도 안 잘라져서 애를 먹었어요. 가위로 잘라도 안 되고, 칼로 잘라도 안 되고, 낫으로 잘라도 안 되고, 나중에는 작두로 잘라도 안 잘라집디다."

"그래서 어떻게 잘랐는가?"

"산에서 억새풀을 베어다 그걸로 자르니까 거짓말처럼 잘라지던걸요."

이성계가 그 말을 듣고는, 번개같이 억새풀을 베어 가서 그것으로 바위를 내려치니까, 그 큰 바위가 스르르 두 쪽으로 갈라지지 않겠어? 그래 놓고 그 속을 들여다보니, 아하, 이런 장관이 없구나. 그 사이에 좁쌀은 모두 군사가 되고, 메밀은 투구가 되고, 겨릅대는 말이 되어서, 수만 명 군사들이 말을 타고 투구를 쓰고 돌아다니네.

우투리는 그때 이제 막 말을 타려고 한 발을 말잔등에 얹고, 다른 한 발은 막 땅에서 떼려고 하는 참이었지. 그런데 그만 바로 그때 바위가 열려 버린 거야. 바위가 열려서 바깥바람이 그 속으로 들어가는 바람에 그만 병정들이 스르르 눈 녹듯이 녹아 없어져 버리고, 우투리도 그만 스르르 녹아 버리고 말았대. 한순간만 더 있었으면 되는 것인데, 한순간 차이로 그 꼴이 되고 말았구나.

이성계는 그렇게 우투리를 없애고 임금이 되었는데, 임금이 된 후에 지리산 산신령이 자기가 임금 되는 데 반대했다고, 강원도에 있던 지리산을 저 남쪽 전라도로 귀양을 보냈단다. 그래서 지금 지리산이 남쪽에 내려가 있다네. 그리고 지리산에는 해마다 억새풀이 그 병정들처럼 엄청나게 우거지는데, 이성계는 그것이 무서워서 자꾸만 베어 버렸단다. 그렇지만 억새풀이 벤다고 없어지겠어? 베어도 또 돋아나고, 또 돋아나고, 해마다 돋아나지.

《민담집 보쌈》 다시 쓰기 → 옮겨 쓰기(군데군데 말투만 조금 고쳤음)

영웅은 언제나 성공하는 것이 아니다. 실패하는 영웅도 있다. 더구나 영웅이 절대 권력에 맞서면 실패할 가능성은 훨씬 높아진다. 영웅이 실패하면 역적이 된다. 이 이야기에서도 영웅이 실패하여 삼족이 죽임을 당할 것을 두려워한 어머니가 제 손으로 아들을 죽이려고 하는데, 이것은 억눌린 백성의 비참한 무력감을 극단으로 보여 주는 대목이다. 협박에 굽히지 않던 어머니가 재물을 보고 무너지는 것도 같은 맥락으로 이해해야 한다.

재미있는 것은 소금 장수의 구실이다. 이 이야기에서 소금 장수는 권력의 앞잡이로 그려져 있는데, 여기서 우리는 옛이야기를 만든 백성들이 현실을 얼마나 잘 꿰뚫어 보고 있었는지 짐작할 수 있다. 소금 장수는 등짐장수(보부상)이다. 우리는 등짐장수와 봇짐장수가 조선 시대에 거대한 조직을 만들어 권력에 봉사했다는 사실을 잘 알고 있다.

바위를 가르는 억새풀은 무엇을 뜻하는가. 두말할 나위도 없이 백성들을 상징한 것이다. 베어도 베어도 다시 돋아나고, 밟혀도 밟혀도 다시 일어서는 백성들의 끈질긴 생명의 힘을 이보다 더 가슴 뭉클하게 견주어 나타낼 수는 없다. '지리산이 이성계에 반대하다가 전라도로 귀양 갔다'고 하는 대목에서도 푸대접 받은 이 지역 백성들의 현실 의식을 엿볼 수 있다.

아기장수 이야기는 "잘 살았더란다"로 끝맺지 못하는 몇 안 되는 옛이야기 중 하나이다. 그러므로 이 이야기는 슬프고도 장엄하다. 우리는 이 이야기에서 끝내 맺힌 한을 풀지 못하는 백성들 마음을 만난다. 그러나 아기장수는 한번 사라져서 영영 나타나지 못하는 '죽은 꿈'이 아니라, 언젠가는 다시 나타날 것이라는 믿음과 함께 '살아 있는 꿈'으로 백성들 마음속에 간직되어 있는 것이다.

도움이 될 만한 책

1. 받아 쓴 이야기 자료

〈한국구비문학대계〉 모두 82권, 별책부록 3권(조동일 외 여럿이 쓰고 한국정신문화연구원 펴냄) 한 가지 자료로서는 지금까지 나온 것 가운데 가장 많음. 낱권으로 살 수 있음

〈한국구전설화〉1~12(임석재 쓰고 평민사 펴냄) 해방 전에 모은 북녘 이야기 자료가 많음. 낱권으로 살 수 있음

〈한국구전설화집〉1~17(박종익 외 여럿이 쓰고 민속원 펴냄) 중부 지역에서 받아 쓴 이야기 자료

〈한국의 민담〉1~2(최운식 쓰고 시인사 펴냄) 글쓴이가 받아 쓴 이야기 가운데 민담을 가려 실은 것

〈영남구전자료집〉1~8(조희웅 외 여럿이 쓰고 박이정 펴냄) 영남 지역에서 받아쓴 이야기 자료

〈강원설화총람〉1~8(최웅 외 여럿이 쓰고 북스힐 펴냄) 강원 지역에서 받아 쓴 이야기 자료

〈민간설화자료집〉1~3(연변대학교조선문학연구소 엮고 보고사 펴냄) 중국

연변 지역에서 받아 쓴 이야기 자료

* 그 밖에 지역별로 받아 쓴 이야기 자료가 많고, 이야기꾼 한 사람이 구연한 이야기를 모아 엮은 책도 있다.

2. 다시 쓴 이야기 자료

《조선설화》 19세기말 러시아 사람 가린 미하일로프스키가 모아 엮은 우리 옛이야기 책으로, '김'이라는 조선 사람이 이야기를 통역했다고 함. 모두 64편의 이야기가 실려 있으며 요새 우리말로 옮긴 책(안상훈 옮기고 한국학술정보 펴냄)도 나와 있음. 같은 책이 〈백두산 민담〉(창작과비평사 펴냄)이라는 이름으로도 나왔음

《조선동화집》 일제강점기 조선총독부에서 일본어로 펴낸 책으로, 우리말로 풀어 옮긴 책(권혁래 풀어 옮기고 집문당 펴냄)이 나와 있음

《조선민담집》 일제강점기에 손진태가 일본어로 펴낸 이야기책으로, 우리말로 풀어 옮긴 책으로 《조선설화집》(최인학 풀어 옮기고 민속원 펴냄)이 나와 있음

《조선동화대집》 일제강점기에 심의린이 펴낸 우리 말 이야기책으로 요새말로 풀어 쓴 책(신원기 풀어 쓰고 보고사 펴냄)이 나와 있음

〈옛날이야기 선집〉1~5(임석재 쓰고 교학사 펴냄) 〈한국구전설화〉에 실린 이야기를 뽑아 어린이들이 읽을 수 있게 다시 쓴 책

〈한겨레 옛이야기〉1~30(신동흔 외 여럿이 쓰고 한겨레아이들 펴냄) 신화, 전설, 민담, 그 밖의 이야기로 나누어 엮음

〈남북 어린이가 함께 보는 전래동화〉1~10(손동인 외 여럿이 쓰고 사계절

펴냄) 북녘 이야기가 여럿 들어 있음

〈이 세상 첫 이야기〉1~6(정하섭 쓰고 창작과비평사 펴냄) 구전신화 중심 옛 이야기 책

〈한국전래동화집〉1~15(이원수 외 여럿이 쓰고 창작과비평사 펴냄) 민담과 전설 중심 옛이야기 책

〈세상이 생겨난 이야기, 별난 재주꾼 이야기, 재치가 배꼽 잡는 이야기, 가슴 뭉클한 옛날이야기, 어찌하여 그리 된 이야기〉(김장성 외 여럿이 쓰고 사계절 펴냄) 소재에 따라 엮은 옛이야기 책

〈옛날 옛적에〉1~7(권정생 외 여럿이 쓰고 국민서관 펴냄) 그림책

〈옛이야기 보따리〉1~10(서정오 쓰고 보리 펴냄) 소재에 따라 엮은 옛이야기 책(한 권으로 묶은 책이 새로 나와 있음)

〈철 따라 들려주는 옛이야기〉봄~겨울(서정오 쓰고 보리 펴냄) 철 따라 들려줄 만한 옛이야기를 모아 엮은 책

*그 밖에도 수많은 옛이야기 책이 있으나 다 소개하지 못한다. 다시 쓴 옛이야기 책은 요새 들어 무척 활발하게 나오고 있다.

3. 옛 책에 나오는 이야기 자료

〈대동야승〉 조선시대 야담집 59권을 한데 모아 엮은 책. 72책으로 전해졌으나 1970년대 민족문화추진회에서 우리 말로 옮겨 18책 한 질로 펴낸 바 있음

〈기문총화〉 조선후기 야담집으로 이본이 매우 많음. 우리 말로 옮긴 것으로 김동욱 역본 5책(아세아문화사)이 있음

〈청구야담〉 조선후기 야담집으로 우리 말 번역본이 여럿 있음. 그중 최웅 역주본 〈주해 청구야담〉 3책(국학자료원)을 추천할 만함

〈계서야담〉 조선 후기 이희준이 엮은 야담집. 우리 말로 옮긴 것으로 유화수·이은숙 역주본(국학자료원)이 있음

〈청야담수〉 '민간에 전하는 이야기 덤불'이란 뜻의 야담집. 우리 말 본으로 김동욱 역본 3책(보고사)이 있음

* 그 밖에 수이전(박인량), 용재총화(성현), 역옹패설(이제현), 어우야담(유몽인), 실사총담(최영년), 동상기찬(백두용), 천예록(임방) 외 여러 야담집들이 거의 우리 말로 옮겨져 있다.

4. 옛이야기 공부에 도움 되는 책

강등학 외, 《한국구비문학의 이해》(도서출판 월인), 2002

건국대학교 동화와번역연구소 편, 《동화와 설화》(새미), 2003

고정옥, 건국대학교인문학연구원통일인문학연구단 기획, 《조선구전문학연구》(민속원), 2009

김대숙, 《한국설화문학연구》(집문당), 1994

김승찬 외, 《한국구비문학론》(새문사), 2003

김열규, 《한국의 신화》(일조각), 1998

김열규, 《한국의 전설》(한국학술정보), 2002

김종대, 《저기 도깨비가 간다》(다른세상), 2000

김종대, 《도깨비를 둘러싼 민간신앙과 설화》(인디북), 2004

김태곤, 《한국의 무속신화》(집문당), 1989

김태곤 외, 《한국구비문학개론》(민속원), 2003
김화경, 《한국의 설화》(지식산업사), 2002
김환희, 《옛이야기의 발견》(우리교육), 2007
김환희, 《옛이야기와 어린이책》(창작과비평사), 2009
막스 뤼티, 김경연 옮김, 《옛날 옛적에》(천둥거인), 2008
브루노 베텔하임, 김옥순 외 옮김, 〈옛이야기의 매력〉1~2(시공주니어), 1998
블라디미르 프로프, 황인덕 옮김, 《민담형태론》(대방출판사), 1987
서대석, 《한국의 신화》(집문당), 1997
서대석 외, 《한국인의 삶과 구비문학》(집문당), 2002
서정오, 《옛이야기 살펴보기》(열린어린이), 2010
서정오, 《옛이야기 세상 이야기》(열린어린이), 2010
성기열, 《한국설화의 연구》(인하대학교출판부), 1988
손진태, 《한국민족설화의 연구》(을유문화사), 1987
신동흔, 《살아있는 우리 신화》(한겨레출판), 2004
신동흔, 《이야기와 문학적 삶》(도서출판 월인), 2009
이링 페처, 이진우 옮김, 《누가 잠자는 숲속의 공주를 깨웠는가》(철학과 현실사), 2005
이오덕, 《어린이를 지키는 문학》(백산서당), 1984
이지호, 《옛이야기와 어린이문학》(집문당), 2006
장덕순 외, 《구비문학개설》(일조각), 2006
장주근, 《풀어 쓴 한국의 신화》(집문당), 1998
조동일, 《구비문학의 세계》(새문사), 2008

조동일,《민중영웅 이야기》(문예출판사), 1992

조선의 민속전통편찬위원회 편,《구전문학》(대산출판사), 2000

조희웅,《한국설화의 유형》(일조각), 1983

조희웅,《이야기문학 모꼬지》(박이정), 1995

진경환,《이야기의 세계 1》(보고사), 2004

최운식 외,《전래동화 교육의 이론과 실제》(집문당), 1998

한국구비문학회,〈구비문학연구〉1~30(학회지)

현용준,《무속신화와 문헌신화》(집문당), 1992

*그 밖에도 좋은 책이 많이 있을 것이나 읽어 보지 못하여 넣지 않았다.

살아 있는 교육 10

옛이야기 들려주기

1995년 2월 28일 초판 1쇄 펴냄
2011년 1월 3일 고침판 1쇄 펴냄
2018년 11월 23일 고침판 8쇄 펴냄

글쓴이 서정오

편집 김성재, 김소영, 김용란, 문지원, 양선화, 이경희 | **디자인** 샘숫다 | **제작** 심준엽
영업·홍보 안명선, 양병희, 이옥한, 정영지, 조병범, 조서연, 최민용
경영 지원 임혜정, 전범준, 한선희
인쇄와 제본 (주)상지사P&B | **제판** (주)로얄프로세스

펴낸이 유문숙 | **펴낸곳** (주)도서출판 보리 | **출판등록** 1991년 8월 6일 제 9-279호
주소 (10881) 경기도 파주시 직지길 492
전화 031-955-3535 | **전송** 031-950-9501 | **누리집** www.boribook.com
전자우편 bori@boribook.com

보리는 나무 한 그루를 베어 낼 가치가 있는지 생각하며 책을 만듭니다.

값 12,000원

ISBN 978-89-8428-636-8 03370

이 책의 국립중앙도서관 출판예정도서목록(CIP)은 e-CIP 홈페이지(http://www.nl.go.kr/ecip)에서 볼 수 있습니다.
(CIP 제어번호 : CIP2010004556)